# LE BIMÉTALLISME

## INTERNATIONAL

### ET LA CRISE MONÉTAIRE ACTUELLE

— ✕ —

## RAPPORT

*Présenté à la Société d'Agriculture d'Alger*

PAR

## L. PÉCHOT

CAPITAINE BRÉVETÉ EN RETRAITE

Chevalier de la Légion d'Honneur.

ALGER

IMPRIMERIE ORIENTALE PIERRE FONTANA ET Cⁱᵉ

RUE D'ORLÉANS, 29.

1896

# LE BIMÉTALLISME INTERNATIONAL

## ET LA CRISE MONÉTAIRE

# LE BIMÉTALLISME

## INTERNATIONAL

### ET LA CRISE MONÉTAIRE ACTUELLE

## RAPPORT

*Présenté à la Société d'Agriculture d'Alger*

PAR

## L. PÉCHOT

CAPITAINE BREVETÉ EN RETRAITE

Chevalier de la Légion d'Honneur.

ALGER

IMPRIMERIE ORIENTALE PIERRE FONTANA ET Cie

RUE D'ORLÉANS, 29.

1896

# LE BIMÉTALLISME INTERNATIONAL

## ET LA CRISE MONÉTAIRE

### Préliminaires.

L'économie politique est une science abstraite qui, encore dans l'enfance, étudie et cherche à pénétrer les lois complexes et jusqu'à ce jour peu connues qui régissent l'existence des sociétés, ainsi que les causes qui influent sur la prospérité ou la décadence des nations, engendrent leur richesse ou provoquent leur ruine.

Un des points qui a le plus attiré l'attention des penseurs et qui est des plus controversé est le système des échanges. Cette question est un véritable champ de bataille sur lequel se livrent les combats les plus acharnés, mais dans cette lutte qui dure depuis si longtemps, personne ne veut s'avouer vaincu, quelque complets que soient les échecs qu'il ait éprouvés.

Protection d'un côté, libre échange de l'autre, telles sont les devises que portent les drapeaux des camps ennemis.

Dans cette étude, nous ne nous rangerons sous aucun de ces drapeaux, estimant que la question ainsi posée ne comporte aucune solution rationnelle. Les moyens proposés par l'une et l'autre école ne sont que des palliatifs, plus ou moins ingénieux, pour atténuer les effets d'une cause générale que des études récentes ont mise en lumière et c'est cette cause même qu'il faut détruire si l'on veut en supprimer radicalement les effets.

Cette cause de la crise agricole, commerciale et industrielle qui étreint l'ancien monde est, à notre avis, la question monétaire créée par l'adoption, en Europe et aux Etats-Unis d'Amérique, du monométallisme-or.

Nous commencerons notre étude en présentant d'abord quelques considérations sur l'origine de la monnaie, son rôle dans les échanges ; nous jetterons un rapide coup d'œil sur l'historique de la question monétaire avant 1873, époque où le monométallisme-or a été adopté par la France et les nations de l'union latine, puis nous étudierons l'influence qu'a eue cette mesure sur les relations commerciales entre les pays à étalon d'or, le camp jaune, et les pays à étalon d'argent, le camp blanc ; nous verrons quelles ont été les conséquences d'une semblable mesure prise récemment dans les Indes anglaises, enfin nous terminerons par une réfutation des objections faites par les monométallistes-or aux partisans du bimétallisme.

## Origine de la Monnaie.

Dans les sociétés primitives, le commerce ne consistait que dans l'échange des divers produits nécessaires à l'existence. Mais ce système présentait certains inconvénients auxquels on remédia par l'invention de la monnaie.

Il était évidemment difficile d'apprécier exactement la valeur des marchandises échangées et il arrivait rarement que l'échange ne constituât pas une perte pour l'un des deux contractants.

La monnaie fut donc inventée pour répondre aux deux besoins suivants :

1° Apprécier, par comparaison à un étalon commun, la valeur des produits échangés ;

2° Compléter, par un appoint, la valeur trop faible d'un objet troqué contre un objet de valeur supérieure.

Mais, depuis, le commerce s'est bien modifié, et, par suite de ces modifications profondes résultant de l'extension des affaires et de l'entrée sur le théâtre commercial de nations vivant sous des régimes économiques les plus variés, nous en sommes arrivés à ce résultat, qui a l'air d'être contraire à toute espèce de bon sens, à savoir : que c'est la valeur conventionnelle de l'étalon, et, par conséquent, de la soulte qui fait le prix de la marchandise échangée.

Quelles furent les premières monnaies employées? Nous ne le savons pas, mais nous pouvons penser, d'après ce qui se passe de nos jours chez les peuples encore sauvages, que le caractère monétaire fut accordé aux objets les plus divers. Ainsi, de notre temps, les peuples du Soudan ont pour monnaie de petits coquillages qu'on appelle « cauris. » Sur la Côte d'Ivoire, l'unité monétaire est une pièce de cotonnade de dimensions données, etc.

Mais, peu à peu, au fur et à mesure des progrès de la civilisation, on n'accorda plus le rôle monétaire qu'à des lingots dont la valeur était proportionnelle à leur nature métallique et à leur poids ; puis, par un dernier perfectionnement, on indiqua sur ces lingots, par des signes apparents, la valeur correspondant à leur poids. La pièce de monnaie était créée, et nous savons que les peuples égyptiens et assyriens faisaient usage de monnaies à effigies, de nombreux siècles avant notre ère.

Pour la fabrication des monnaies, à cause de leur inaltérabilité, on donnna la préférence au bronze, à l'argent et à l'or, et cette préférence était justifiée, puisque, de nos jours encore, nous nous servons dans nos relations journalières de monnaies de billon, d'argent et d'or, auxquelles quelques nations ont ajouté des monnaies de nickel.

### Rôle relatif de la monnaie et des marchandises.

Des considérations précédentes sur l'origine de la monnaie et sur le double rôle qu'elle est appelée à remplir, il résulte que le prix des marchandises ne peut être régulièrement fixé et payé qu'à la condition que l'étalon monétaire ait une valeur fixe et immuable. Aussi, pour assurer la loyauté et la facilité des transactions, chaque nation a-t-elle fixé par des lois, le poids, le titre et la valeur relative de chaque espèce de pièces de monnaie. Chez nous, l'unité monétaire est le franc, valeur de la pièce d'argent, avec alliage de 1/10 de cuivre, pesant 5 grammes.

Cette unité a été déterminée par une loi du 7 germinal an VII qui fixait le rapport de l'or à l'argent égal à 1/15.5 (c'est-à-dire qu'un kilogramme d'or fin avait la même valeur que quinze kilos et demi d'argent fin) et permettait la frappe libre des deux métaux.

En réalité, le 7 germinal an VII, la France avait établi légalement le bimétallisme en fixant par une loi le rapport immuable de l'or à l'argent et nous verrons, plus loin, que ce rapport est resté réel, depuis le commencement de ce siècle jusqu'en 1873, époque à laquelle le gouvernement français a cru devoir, pour certains motifs particuliers, abroger, par le fait (car jamais aucune loi n'a sanctionné la mesure prise) les dispositions légales qui basaient tout notre système monétaire sur la valeur du franc argent.

En Angleterre, depuis 1820, l'unité monétaire est la livre sterling d'une valeur de 25 fr. 25 environ.

En tout cas, il faut bien établir la définition de ce qu'on appelle une monnaie, qui, en tant qu'étalon d'appréciation des valeurs, doit avoir une définition absolue, non sujette à discussion, exactement comme la définition du gramme, du mètre et de toutes les unités de notre système métrique.

A ce point de vue, on doit définir ainsi la monnaie :

C'est un signe particulier d'échange, dont la valeur légale est fixée conventionnellement, il est vrai, mais d'une manière immuable. Ce signe, pour les besoins du commerce, peut avoir des équivalents. La loi les détermine, mais ces équivalents ne peuvent être estimés, eux-mêmes, qu'en multiples ou en sous-multiples de l'étalon légal.

Ce principe ne peut être discuté, car il est appliqué par toutes les nations qui emploient, dans leurs transactions intérieures, des monnaies de différentes natures, ayant entre elles un rapport légal immuable. Chez nous, nous avons le franc et ses multiples qui jusqu'à la valeur de 5 fr. sont des monnaies d'argent, et qui depuis 5 fr. jusqu'à 100 fr. sont des monnaies d'or.

Le franc a lui-même des sous-multiples en argent, le 1/2 franc et le 1/5 de franc. Mais, au-dessous de cette fraction, on a été obligé de représenter les sous-multiples par des monnaies de bronze, ou autrement dit, de billon.

Les dimensions des pièces de monnaie et leur poids ont été les seules limites qui ont imposé le passage de la monnaie de billon à celle d'argent, et de celle-ci à la monnaie d'or.

Ainsi donc, au point de vue rationnel, la monnaie pour être une véritable monnaie doit avoir un caractère de stabilité immuable qui ne peut dépendre, en aucun cas, de la valeur commerciale du métal qui entre dans le corps de la pièce.

C'est un signe d'échange, tout aussi bien que le billet de banque, auquel personne n'oserait attribuer la valeur du morceau de papier sur lequel il est imprimé, tant ce serait ridicule, et c'est pourtant sur une pareille conception qu'est basé tout le système de change actuel Ce système a fait, il est vrai, la richesse inouïe de certaines banques internationales, mais il a fait en même temps la ruine des agriculteurs, commerçants et industriels de l'ancien monde.

Voici donc établi un premier principe qui nous semble indiscutable, c'est que la monnaie est simplement un signe d'échange dont la valeur est absolument conventionnelle, mais immuable, quels que soient le métal ou l'objet qui porte ce signe et que, par conséquent, la monnaie n'est pas une marchandise, et que, n'étant pas marchandise, la monnaie n'est pas soumise à la loi générale de l'offre et de la demande.

C'est sur ce principe qu'il faut attirer particulièrement l'attention, attendu que c'est sur un sophisme opposé à ce principe que les monométallistes or basent toute leur argumentation.

L'or et l'argent, disent-ils, sont des marchandises et aucune loi humaine ne pourra empêcher ces deux métaux de suivre les fluctuations que leur impose la loi naturelle de l'offre et de la demande.

Qu'est-ce donc qu'une marchandise ? Nous venons de donner une définition de la monnaie, il est juste que nous donnions celle de la marchandise. Voici cette définition telle que nous la concevons, telle que nous la croyons juste :

Une marchandise est un produit direct ou indirect du sol sur lequel nous vivons et qui est nécessaire aux besoins plus ou moins naturels de l'existence.

Que ces marchandises soient sujettes à la loi générale de l'offre et de la demande, rien de plus naturel, et, en effet, l'usage de ces marchandises est nécessité par les besoins les plus impérieux de l'existence. Il est bien évident que, en temps de famine, pour ne pas mourir de faim, un millionnaire donnerait volontiers un ou plusieurs de ses millions pour un morceau de pain.

Aussi, serait-il plus juste de dire que les marchandises suivent la loi du rapport de la production à la consommation. Ces deux termes sont, en effet, l'expression de la vérité, les marchandises se consomment, c'est-à-dire qu'elles disparaissent par l'usage.

La monnaie, au contraire, ne disparaît pas par l'usage, elle passe de mains en mains, conservant toujours le même pouvoir libératoire et même on pourrait dire que plus son usage est rapide plus elle a de valeur, parce que, dans un laps de temps très court, elle représente plus de transactions.

Voilà, pensons-nous, des caractères bien tranchés qui différencient une monnaie d'une marchandise.

Mais, en considérant le rôle de la monnaie, comme soulte d'un échange, on est amené à constater que le détenteur de la monnaie est celui qui a fourni à la société une quantité de marchandises plus grande que la quantité de marchandises que lui-même en a reçue. Ce qui lui reste en main, le capital qu'il possède, l'infâme capital, comme on a l'habitude de le caractériser dans une certaine école, n'est donc que le signe d'une dette contractée par la société à l'égard d'un de ses membres. Ce signe n'est autre chose qu'une lettre de change, payable à vue en n'importe quelle marchandise, jusqu'à concurrence du solde créditeur de celui qui en est détenteur.

Donc, la monnaie du monde entier représente le total des soldes créditeurs de chaque particulier à l'égard de la société, et il est facile de concevoir que, si la circulation monétaire diminue, le stock de créances restant le même, la même quantité de monnaie représentera une plus grande quantité de marchandises, parce qu'il faudra qu'une moindre quantité de numéraire représente une égale quantité de marchandises.

En d'autres termes, il y aura contraction de la circulation monétaire et augmentation de la valeur du numéraire par rapport aux marchandises.

D'après les statistiques les plus récentes, la circulation monétaire du monde entier serait d'environ 80 milliards dont 38 milliards d'or et 42 milliards d'argent, en admettant le rapport de 1/15.5 adopté par la loi de Germinal An VII.

Dans ces conditions, la somme des soldes créditeurs des particuliers

$$S \text{ était égale à 80 milliards.}$$

On peut admettre, sans crainte d'être démenti, que plus nous allons, plus augmentent les transactions commerciales, et, par conséquent, que nous serons plutôt en dessous de la vérité en laissant à S une valeur constante.

Mais aujourd'hui S n'est plus représenté, pour les nations du camp jaune, que par 38 milliards d'or.

Donc, aujourd'hui S = 38 milliards

ou bien, en d'autres termes, aujourd'hui le milliard or a pris, par rapport à sa valeur d'autrefois, la valeur de

$$1 \times \frac{80}{38} = 2.105.264 \text{ francs.}$$

Et réciproquement, le milliard argent a pris, par rapport à l'ancien milliard argent, une valeur égale à

$$1 \times \frac{38}{80} = 475.000 \text{ francs.}$$

Cette plus-value de l'or et cette moins-value de l'argent, résultant de l'abandon de la frappe des monnaies d'argent, que nous avons calculées simplement comme conséquences d'un raisonnement théorique, sont absolument confirmées par la pratique ; les statistiques nous démontrent en effet que la valeur du kilo d'argent fin qui était en 1872 de 220 fr., est tombé à 105,6, c'est-à-dire que l'argent n'a plus que les $\dfrac{38.3}{80}$ de son ancienne valeur par rapport à l'or.

Un raisonnement qui conduit à un résultat vérifié d'une manière aussi absolue par l'expérience semble devoir être admis comme juste et les principes, sur lesquels il est basé, comme indiscutables.

Il nous a paru nécessaire d'insister sur ce point, car c'est la démonstration de la fausseté d'un des arguments des monométallistes or. L'argent, on peut l'affirmer à juste titre, n'a point diminué de valeur par rapport aux autres produits ; l'or seul a reçu, par l'application du système monétaire actuel, une augmentation de valeur qui ne tient ni à sa nature spéciale, ni à une augmentation de la production d'argent, mais simplement à un privilège qu'on lui a donné, peut-être avec préméditation, en démonétisant le métal argent.

Après avoir terminé cette démonstration qui, peut-être, a été un peu longue, mais qui a été amenée fatalement par le développement de notre sujet, nous allons revenir à l'historique de la question monétaire proprement dite, et nous allons voir que, quoique les mêmes règles générales aient été appliquées aux monnaies des différents pays, en ce qui concerne leur circulation monétaire intérieure, chaque nation, au point de vue des paiements internationaux, a adopté une formule monétaire différente.

Les unes, pour les paiements internationaux, n'ont admis que la monnaie d'or, les autres la monnaie d'argent seule, enfin une troisième catégorie a admis les paiements internationaux au moyen de la monnaie d'or et d'argent indifféremment et en quelque quantité que ce soit.

De là, division des nations en trois catégories qui, avant 1871, comprenaient les nations suivantes :

1° *Monométallistes-or*. — Angleterre et Portugal ;

2° *Monométallistes-argent*. — Inde, Chine, Japon, Mexique, États de l'Amérique du Sud, Allemagne ;

3° *Bimétallistes*. — France, Italie, Belgique, Grèce.

Quelles ont été les conséquences de cette organisation monétaire où les uns ne payaient qu'en argent et les autres ne recevaient qu'en or ? Il semblerait au premier abord qu'il a dû en résulter une confusion inextricable et, en effet, il en aurait été ainsi, si le bimétallisme n'avait pas existé, et l'on peut affirmer que c'est grâce à lui que les relations commerciales ont pu exister et se développer pendant les deux premiers tiers de ce siècle.

Il a été, en effet, démontré par toutes les études et

les enquêtes faites à ce sujet, que, par l'intermédiaire des nations bimétallistes, les nations monométallistes, or ou argent, pouvaient échanger leurs monnaies d'une manière régulière dans le rapport de une partie d'or pour quinze parties et demie d'argent.

Il faut dire que la puissance d'achat des nations bimétallistes était au moins égale à la puissance d'achat des nations monométallistes-or (Angleterre et Portugal).

Aussi, depuis l'année 1820, époque où le monométallisme-or anglais entra en vigueur, jusqu'en 1873, où la France ainsi que les autres nations de l'Union latine adoptèrent le même système, le résultat du bimétallisme français fut de maintenir constant le rapport de la valeur de l'argent à celle de l'or et cela, malgré les fluctuations énormes que subit pendant cette période la production de l'un et l'autre métal. Le marché de la Banque de Londres (marché des métaux précieux) pendant ce demi-siècle en fait foi.

Voir les graphiques, n<sup>os</sup> 1, 2 et 3.

La découverte des placers de la Californie et de l'Australie jeta dans la circulation, à de certaines périodes, une quantité prodigieuse d'or et, pourtant, la valeur des marchandises, non seulement resta la même, mais elle alla même en augmentant quoique la production eût doublé et que l'amélioration des moyens de transport eût permis l'introduction, sur le marché européen, de denrées provenant des pays les plus lointains, qui, jusqu'alors, avaient limité leur production à leurs besoins particuliers, ne trouvant pas de débouchés rémunérateurs pour leur surproduction.

Il semblait que tout allât au mieux dans ces conditions économiques et qu'il suffisait de les maintenir pour que cet état de prospérité subsistât.

Quel événement put donc produire des perturbations tellement graves qu'on renonçât à un pareil état de choses ?

Il faut le dire, c'est une des conséquences de la funeste guerre de 1870, et, à ce propos, nous nous permettrons d'attirer l'attention sur ce fait qui, peut-être, a passé

## GRAPHIQUE N° I

*Courbe de la valeur du kilogramme d'argent fin, de 1850 à 1895,
par rapport au kilogramme d'or fin valant 3.444 fr.*

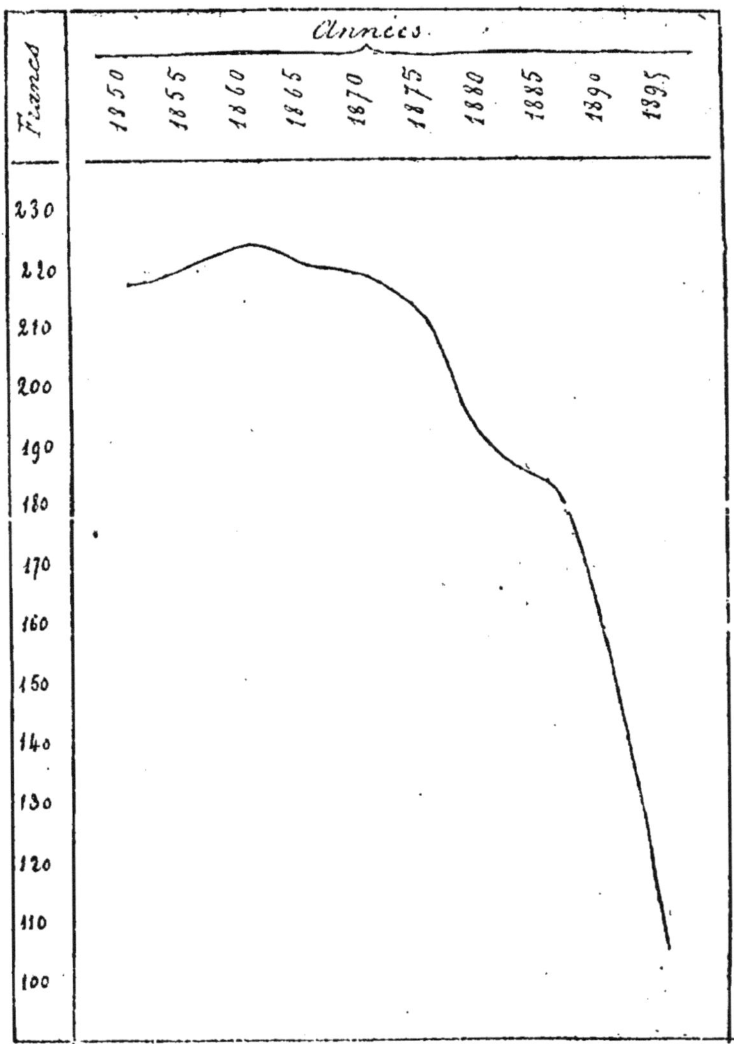


Le lecteur est prié de vouloir bien suppléer par la pensée les verticales
et les horizontales correspondant aux divers chiffres.

## GRAPHIQUE N° 2

*Courbes comparatives de la production annuelle de l'or et de l'argent de 1850 à 1895.*

——————— Production de l'or.
............... Production de l'argent évalué au rapport légal 15,5/1.
- - - - - - Production de l'argent évalué au rapport actuel 31/1.

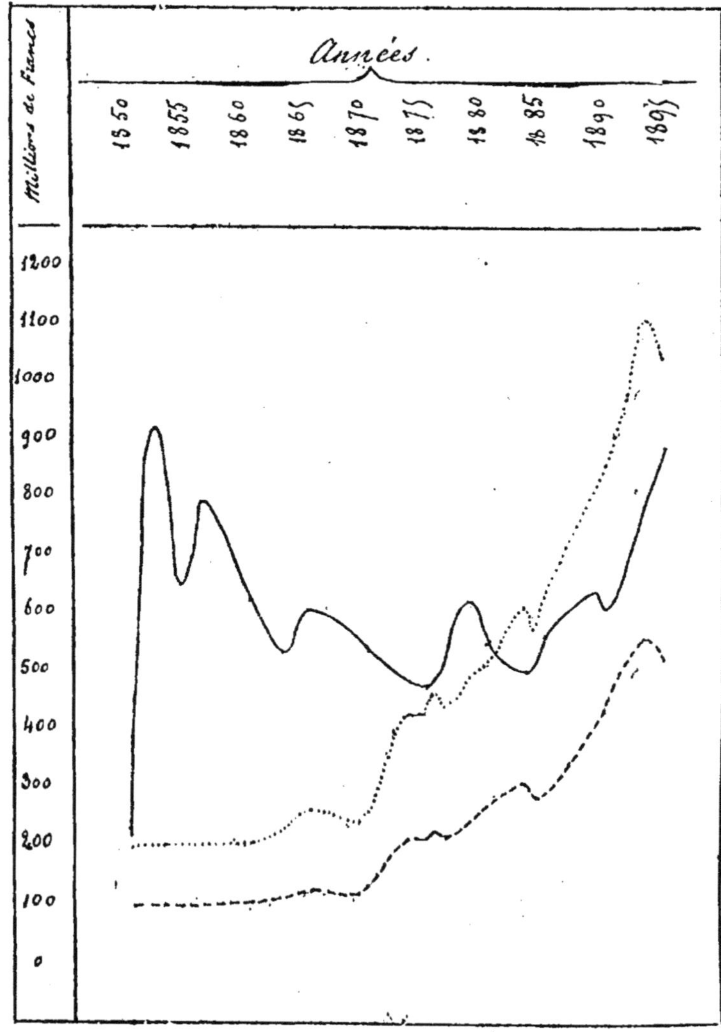

# GRAPHIQUE N° 3

*Courbes comparatives de la production de l'or et de l'argent de 1800 à 1895
(L'argent est évalué au rapport de 15,5/1).*

——————— Production de l'or.
............... Production de l'argent.

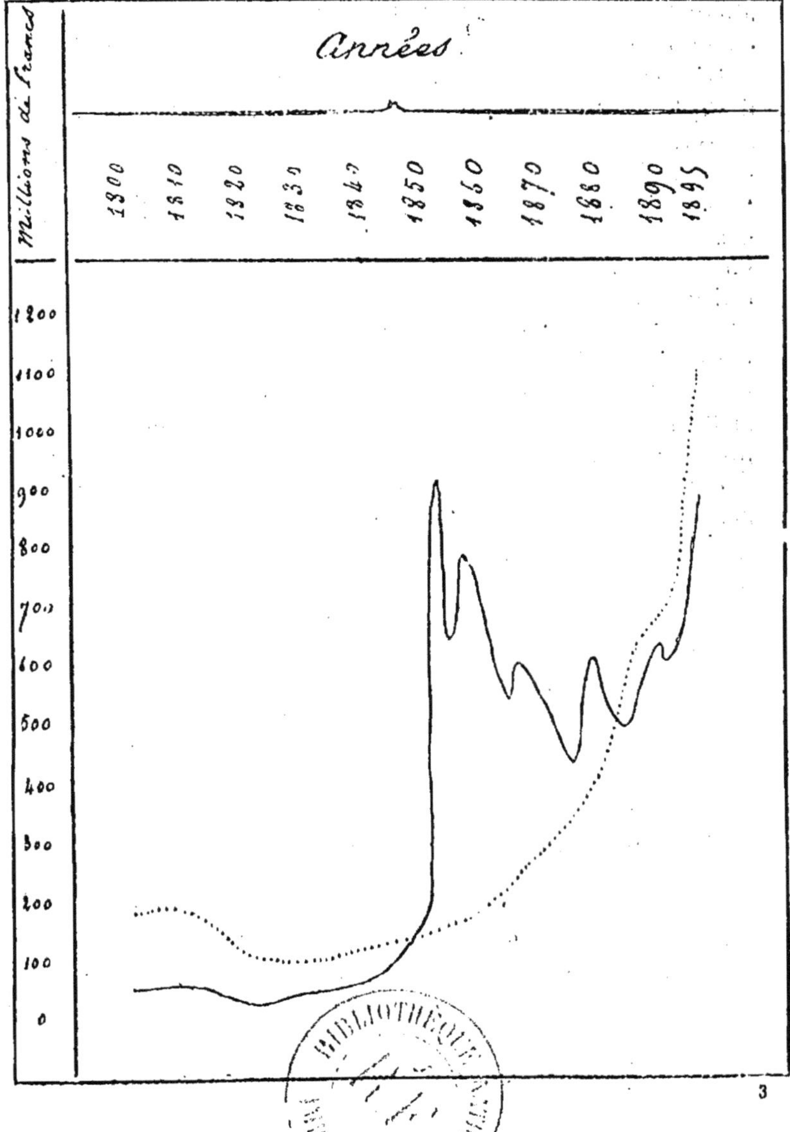

inaperçu pour beaucoup : c'est que M. Rothschild, banquier juif (catalogué français), d'un côté, fut le conseiller du gouvernement français et M. Bleichroder, banquier, également juif (mais celui-là catalogué prussien), de l'autre côté, fut le conseiller du gouvernement allemand. C'est, par le fait, entre ces deux banquiers cosmopolites que fut discutée la rançon de notre pauvre Patrie! Qui sait si entre eux ne fut pas convenu, en dehors de la fixation de la rançon de la France, un petit accord secret, concernant l'établissement de l'étalon monétaire d'or en Allemagne et en France. Cet accord aurait eu, pour la haute banque, l'avantage de faire passer dans ses caisses, sans rien risquer, la rançon que la France vaincue, mais non sans honneur, consentait à un vainqueur qui devait sa victoire à de grands sacrifices d'hommes et d'argent, à une patiente préparation de la revanche qu'il poursuivait depuis soixante ans, à une organisation merveilleuse secondée par une bravoure incontestable, et il faut ajouter aussi à toutes les chances favorables qui résultent des aléas de la guerre.

Cet accord, dira-t-on, n'est qu'une hypothèse ; soit, cependant le soin que l'Allemagne, jusqu'à ce jour monométalliste-argent, a pris de stipuler que les cinq milliards de rançon seraient payables en or et la hâte qu'elle a mise, immédiatement après la conclusion de la paix, à devenir monométalliste-or, malgré l'avis des Chambres de Commerce, mais conformément aux instances des banques, semblent indiquer que cette hypothèse pourrait bien n'être pas sans fondement. En appliquant l'axiome de droit, *Cui prodest*, on arriverait à la même conclusion.

Mais, quoi qu'il en soit, nous devons continuer notre historique de la question monétaire, et exposer les motifs pour lesquels, en 1873, le gouvernement français limita d'abord, tout à coup, la frappe libre de l'argent puis, peu après, finit par l'interdire complètement.

## Causes qui ont amené la France à adopter l'Etalon d'or.

La guerre désastreuse de 1870-71 venait de prendre fin et la France versait à l'Allemagne une indemnité de cinq milliards en or. L'empire d'Allemagne venait de se reconstituer et poursuivant son idée d'unification, entreprenait de donner aux différents peuples, réunis sous l'hégémonie de la Prusse, un système monétaire unique.

Avant cette époque, l'Allemagne était, en général, monométalliste-argent. Après de longues études, malgré la résistance des représentants de l'agriculture, du commerce et de l'industrie, qui demandaient le bimétallisme comme en France, la préférence fut donnée à l'étalon d'or.

En conséquence de cette décision, le gouvernement impérial allemand retira de la circulation la plus grande partie des thalers, seule monnaie, jusqu'à ce jour, de ces peuples monométallistes-argent.

Ces thalers furent fondus en lingots que l'on achemina peu à peu sur le marché des métaux précieux à Londres, pour se procurer, en échange, la quantité d'or nécessaire aux besoins du nouveau système monétaire.

Ces lingots d'argent, vendus sur le marché d'une puissance monométalliste-or, n'y trouvaient pas d'emploi. Aussi les apportait-on en France où on les faisait frapper à la Monnaie. Mais le détenteur du lingot ne remportait pas sa monnaie d'argent. Après l'avoir fait frapper, il échangeait cette monnaie, ayant cours légal, contre de l'or, ou prenait dans les maisons de banque des chèques, sur Londres, qui équivalaient à de l'or. Il en résultait que la France recevait de l'Allemagne le stock d'argent provenant de la démonétisation des thalers et lui fournissait, en échange, une quantité équivalente d'or, sur le pied du rapport de 1k./15k.5.

La statistique de l'Hôtel des Monnaies montre que la spéculation devait être avantageuse et permet de s'imaginer la perturbation monétaire qu'amena l'abandon par l'Allemagne de l'étalon d'argent et l'adoption par cette puissance de l'étalon d'or.

En 1871, l'Hôtel des Monnaies frappa pour,................ ............ ....    4.710.000 fr. d'argent.

En 1872........................ .....    389.000 fr.

En 1873 (8 premiers mois seulement). 150.000.000 fr.

Notre gouvernement, encore sous l'impression des désastres de la guerre, et n'ayant pas encore terminé de payer l'indemnité de guerre des cinq milliards payables en or, peut-être aussi accordant une trop grande importance à des conseils intéressés, prit peur. Il craignit de voir disparaître le stock d'or existant en France, stock nécessaire pour faire face aux échéances du paiement de l'indemnité de guerre et pour gager, s'il y avait lieu, les emprunts que les circonstances pouvaient nous forcer à contracter plus tard.

Pour parer aux dangers que faisait craindre une pareil situation, le gouvernement commença par limiter la frappe de l'argent, puis peu après, la supprima complètement. Par le fait, la France et, avec elle, les nations de l'Union latine étaient devenues monométallistes-or et il n'y eut plus dans le monde que deux catégories de nations au point de vue monétaire.

1° Nations monométallistes-argent (Camp blanc) ;

2° Nations monométallistes-or (Camp jaune).

---

## Conséquences naturelles de la suspension de la frappe libre de l'argent et de l'adoption de l'étalon unique or.

Les effets de cette mesure ne tardèrent pas à se faire sentir, non seulement en France, mais encore dans le monde entier, en changeant complètement les conditions économiques qui permettaient au vieux monde de combattre, à armes à peu près égales, contre l'envahissement toujours plus rapide des produits de l'Amérique du Sud, d'Australie et d'Extrême-Orient.

Le premier résultat de cette mesure a été de diminuer, chez les nations européennes, la valeur de l'argent qui, ne trouvant plus le débouché illimité de la transformation en monnaie, devint un simple métal de luxe tout au plus bon pour les travaux d'orfèvrerie. De monnaie, l'argent était devenu marchandise et, par conséquent, soumis à la loi de l'offre et de la demande.

L'or, au contraire, n'ayant plus de concurrent sur le champ monétaire, augmentait de valeur; lui seul permettant de satisfaire aux exigences des paiements internationaux.

Au premier abord, il est difficile de se rendre compte des effets produits dans le commerce international par la baisse du métal argent : Chez nous, en effet, dans l'intérieur du pays et dans toutes nos relations journalières, les monnaies, d'or, d'argent et de billon ont conservé leur ancienne valeur légale relative. L'argent, en France, pour nos relations intérieures, a gardé le cours légal qu'avait fixé la loi du 7 germinal an VII. c'est-à-dire, que 15 kilos et demi de pièces d'argent valent un kilo de pièces d'or.

Mais si l'on passe les frontières, on verra qu'il n'en est plus ainsi et que la monnaie d'argent n'a plus, au point de vue international, que la valeur du métal qu'elle renferme, valeur essentiellement variable qui ne dépend que du cours de l'argent fin, marchandise soumise à la loi de l'offre et de la demande, cours fixé par le marché des métaux précieux à Londres.

Au taux actuel de l'argent la pièce de 5 francs française vaut environ 2 fr. 40.

Si, en France, notre pièce de 5 fr. a gardé sa valeur libératoire légale, c'est que l'Etat qui est un gros consommateur de monnaie (il en consomme par an environ 5 milliards, soit pour le budget de l'Etat, soit pour les budgets des départements et ceux des communes), c'est que l'Etat, disons-nous, reçoit dans ses caisses les monnaies d'argent avec leur valeur légale et en quelque quantité que ce soit. Le particulier serait bien peu intelligent, s'il vendait cette pièce de 5 fr. pour une valeur moindre, alors qu'il peut, avec elle, se libérer vis à vis l'Etat d'une dette de 5 francs ou se procurer une pièce de 5 fr. en or.

L'Etat français a d'ailleurs limité le nombre des pièces françaises de monnaie d'argent ayant cours légal, et il n'a conservé, en circulation, que la quantité de numéraire-argent nécessaire aux exigences des paiements quotidiens intérieurs.

Il n'y a pas bien longtemps encore, deux ou trois ans, que le gouvernement français fut obligé de retirer de la circulation, un grand nombre de pièces d'argent divisionnaires italiennes qui avaient augmenté dans des proportions considérables le stock d'argent nécessaire à la France et diminué dans les mêmes proportions le stock de la monnaie d'or.

L'Italie, grâce à une tolérance datant de longues années, échangeait en France ses pièces divisionnaires en argent contre de la monnaie d'or, au taux légal, et de cette manière drainait le numéraire or qui existait en France.

Maintenant, voyons quelle a été l'influence de la démonétisation de l'argent sur la valeur des produits de la terre.

Les monométallistes-or ont prétendu que, chez les nations à monnaie dépréciée, la valeur des produits de la terre augmenterait au fur et à mesure que la dépréciation de cette monnaie augmenterait.

C'est une allégation dont l'expérience a démontré la fausseté.

En effet, la monnaie d'un pays ne peut être dépréciée que par rapport à la monnaie d'un autre pays, mais dans son pays d'origine elle garde toujours son même pouvoir libératoire, c'est-à-dire qu'elle sera toujours échangée contre une même quantité de marchandises indigènes.

Bien entendu qu'il ne s'agit ici que des monnaies métalliques et non des papiers-monnaie à cours forcé, dont la valeur n'est garantie par aucun encaisse.

Aujourd'hui au Japon, en Chine, au Mexique, le change des monnaies d'or et d'argent est aux environs de 200 fr. Cependant les Japonais, les Chinois et les Mexicains peuvent, dans leurs pays, se procurer les mêmes quantités de marchandises, la même somme de travail, avec la même quantité de numéraire-argent qu'au temps où leur monnaie d'argent s'échangeait au pair (dans le rapport de 1 à 15.5) avec la monnaie d'or, c'est-à-dire avant 1873.

Ces peuples ont conservé leur étalon argent, dans les conditions antérieures, et l'or chez eux est une marchandise que les gouvernements de ces peuples se procurent, à très haut prix, pour payer l'intérêt et le remboursement de leurs emprunts, que les gros banquiers ont toujours eu soin de spécifier payables en or.

Chez ces mêmes peuples, les particuliers sont aussi obligés d'acheter de l'or pour payer les produits manufacturés qu'ils sont encore obligés de se procurer chez les nations du camp jaune, mais dont le nombre diminue de jour en jour.

Chez nous, au contraire, c'est l'or qui a le privilège d'être monnaie et l'argent qui est devenu une marchandise.

Nous allons voir maintenant que la haute banque qui, par le fait, tient dans ses mains tyranniques le commerce international, a le plus grand intérêt à maintenir le privilège de l'or.

Les livres d'histoire racontent que, dans l'ancien temps les rois se permettaient, de temps en temps, de changer le cours de monnaies. On signalait même à la généreuse indignation de la jeunesse que ces rois poussaient la rouerie jusqu'à diminuer la valeur de la monnaie au moment de lever les impôts et à l'augmenter aussitôt après de manière à percevoir beaucoup et à payer le moins possible.

C'est un semblable trafic, que fait la haute finance de nos jours.

A ses guichets, en effet, la haute banque reçoit l'or à sa valeur légale, c'est-à-dire comme monnaie, mais aussitôt après, elle s'en sert comme marchandise, en le vendant avec bénéfice aux puissances du camp blanc qui, ainsi que nous l'avons exposé, doivent payer en or l'intérêt de leurs emprunts. Mais ce bénéfice, qui en fixe la quotité ? La spéculation seule, car il faut bien le dire, la question des deux métaux, n'est qu'accessoire en ce moment.

En réalité, avec quoi les nations du camp jaune achètent-elles l'or dont elles peuvent avoir besoin ?

C'est évidemment avec les produits de leur sol, mais alors comment peut-on expliquer qu'une marchandise ait plus ou moins de valeur suivant qu'elle provient d'un côté ou de l'autre d'une frontière, si ce n'est que les spéculateurs ont prêté dans des conditions très aléatoires à certaines puissances et que les prêteurs font varier l'intérêt de leurs capitaux suivant les risques qu'ils courrent réellement ou qu'ils ont intérêt à faire croire qu'ils courrent.

C'est l'histoire de l'usurier et du fils de famille, mais mieux agencée et plus perfectionnée.

La haute banque, en effet, reçoit, en réalité, ses intérêts et ses remboursements en marchandises dont elle fixe arbitrairement la valeur au moment du paiement, en sorte que, sans changer l'intérêt inscrit sur les titres, elle augmente à volonté le taux réel de l'intérêt. Pour certaines puissances ce taux a été doublé et pour d'autres triplé. La seule précaution d'introduire dans les prêts cette clause, que l'intérêt serait payable en or, au moment où l'or et l'argent étaient au pair de 1/15.5 et où, par conséquent, il n'y avait aucun avantage immédiat à le spécifier, montre que les spéculateurs avaient une arrière pensée qu'ils ont réalisée en amenant toutes les nations européennes au monométallisme-or.

Ainsi donc le change est, d'un côté, la fixation du taux de l'intérêt auquel les banquiers consentent des avances aux nations dont la situation financière est plus ou moins compromise.

On peut dire, en d'autres termes, en considérant le change comme taux de l'intérêt :

Pour un certain capital, la France paie 100 fr. d'intérêt, mais ce même capital ne sera prêté à l'Italie que pour 108 fr., à l'Espagne pour 121 fr., au Mexique, à la Chine, au Japon pour 200 fr. et à la République Argentine pour 335 fr.

D'un autre côté, en le considérant comme taux de paiement, le change exprime que pour une valeur de 100 fr. due par une puissance à la banque, celle-ci acceptera 100 fr. de marchandises en France, mais elle en exigera, 108 en Italie, 121 en Espagne, 200 au Mexique, en Chine ou au Japon et 335 fr. en République Argentine.

Mais tous ces chiffres sont essentiellement variables et leur instabilité explique les soubresauts qui agitent constamment les cours des diverses marchandises.

Quelles sont les conséquences de cet état de choses ?

Elles sont faciles à prévoir : la spéculation qui a pris, à un taux infime, les marchandises des nations débitrices est obligée de réaliser ces marchandises et pour les réaliser les vend à un prix dérisoire, sur les marchés des nations de l'ancien monde qui consomment plus qu'elles ne produisent. C'est pour ce motif que tous les produits naturels y compris l'argent ont baissé de moitié de leur valeur depuis 1873.

Ce qui vient d'être exposé à propos du change exerce son influence sur le commerce.

Prenons pour exemple un négociant français qui va acheter du vin en Espagne, et admettons que le change, (c'est le cours actuel), soit à 121 fr. Ce négociant achète des vins et pour 100 fr. d'or, il reçoit pour 121 fr. de marchandises. Cependant, l'Espagnol qui a vendu n'est pas en perte car il reçoit, en fait, 121 fr. de la monnaie de son pays.

Ce négociant français veut ensuite acheter du vin en France, mais chez nous, pour 100 fr. d'or, on ne voudra lui livrer que 100 fr. de marchandises. Naturellement, le négociant fait son compte et calcule son prix de revient, et s'il veut acheter dans les mêmes conditions qu'en

Espagne, il ne peut offrir au producteur français que 82 fr. 65 de la quantité de produits qui aurait valu 100 fr. dans les deux pays, s'il n'y avait pas eu de change (Voir le graphique n° 4).

Qui donc dans de pareilles conditions paie le change?

La réponse vous la faites de suite : C'est le producteur français.

Qui donc profite de ce change ? la haute banque seulement et les gros spéculateurs, car nous démontrerons plus loin, que ni le commerce ni le consommateur n'en bénéficient.

Qui ne sait dans quelles proportions fantastiques se sont augmentées, depuis 1873, les fortunes des hauts barons financiers ? Cette augmentation se chiffre par milliards, et il est hors de doute que les statistiques démontreraient que cette augmentation correspond exactement à la perte subie par la production et la propriété foncière du camp jaune pendant la même période.

Est-il juste qu'un pareil état de choses subsiste ?

Poser la question c'est la résoudre.

Enfin, il convient d'appeler l'attention sur une autre conséquence qui ne manque pas d'importance.

Autrefois, les Européens qui s'expatriaient et avaient le bonheur de faire fortune revenaient souvent dans leur pays d'origine rapportant les capitaux qu'ils avaient mis de côté et augmentaient ainsi la richesse publique. Aujourd'hui, ils n'en sont plus tentés. Ce rapatriement leur coûterait, par suite du change, la moitié de leur fortune, sinon plus. Aussi, ont-ils tout intérêt à rester dans leur pays d'adoption et à utiliser leurs ressources, soit en créant de nouvelles cultures, soit en élevant de nouvelles usines qui non seulement suffisent aux besoins du pays, mais encore viennent faire concurrence à nos produits sur des marchés qui, antérieurement, étaient alimentés exclusivement par l'industrie et le commerce européens.

# GRAPHIQUE N° 4

*Tableau indiquant le prix qu'on peut offrir de 100 fr. de marchandises (valeur s'il n'y avait pas de change) à un producteur du camp jaune suivant le change des pays concurrents du camp blanc.*

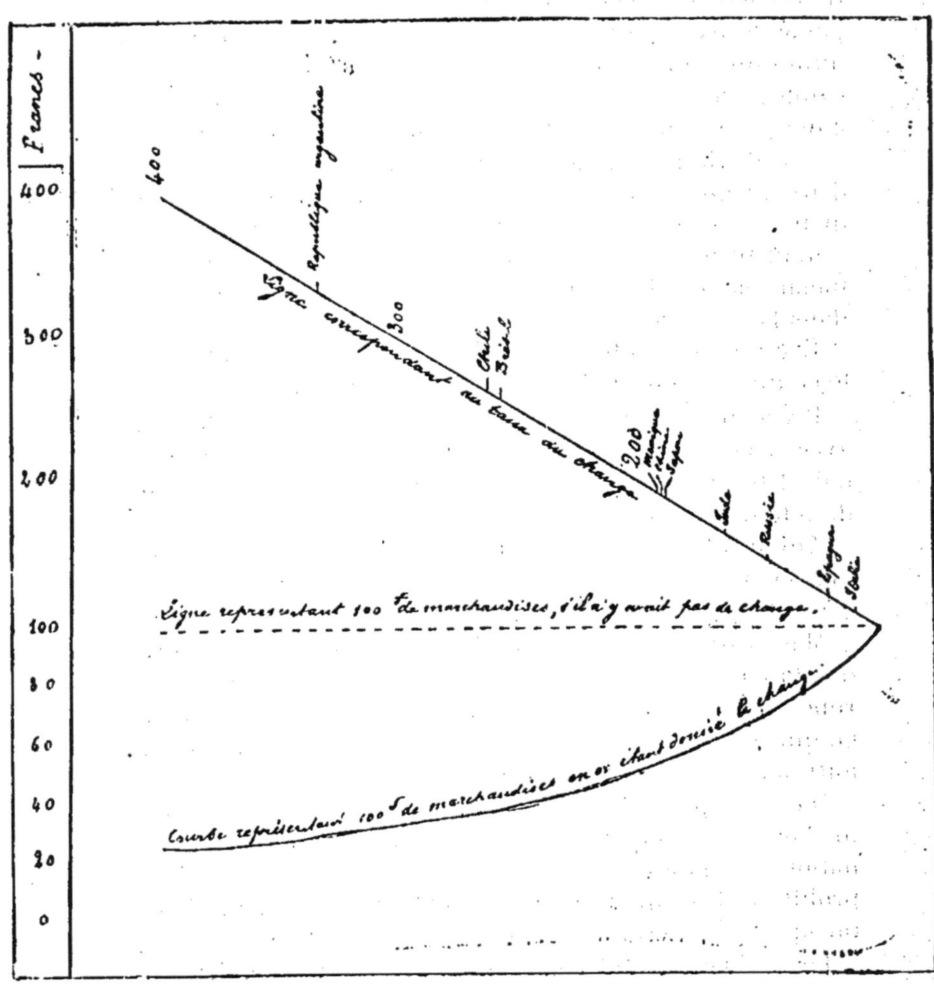

### Influence du change sur le commerce international.

Contrairement aux prévisions des monométallistes-or, qui avaient prétendu que, chez les nations à monnaie dépréciée, le prix de toute chose augmenterait proportionnellement à la dépréciation monétaire, il ne s'est rien passé de pareil et l'expérience a démontré que, malgré la diminution de la valeur de l'argent chez les nations du camp jaune, ce métal a gardé toute sa valeur, sans aucune perturbation, chez les nations du Camp blanc.

Au Mexique, au Brésil, au Japon, en Chine, le kilo d'argent fin représente aujourd'hui exactement la même quantité de travail ou de produits que celle qu'il représentait avant la crise que, dans l'ancien monde, a subi le métal blanc, alors que l'argent était au pair avec l'or dans la proportion de 15,5 à 1.

Examinons l'influence exercée par ces conditions sur le commerce international et prenons un exemple.

Il y a 30 ans, un commerçant européen allait au Japon, avec une pacotille d'une valeur de 1.000 fr. qu'il vendait 250 yens (Le yen étant alors au pair avait une valeur de 5 fr.). Il réalisait ainsi un bénéfice de 250 fr.

Aujourd'hui, pour réaliser le même bénéfice, le même négociant serait obligé de vendre sa pacotille 500 yens, c'est-à-dire, qu'il serait obligé de doubler tous ses prix.

Mais cette augmentation de prix ne fait pas l'affaire des Japonais qui renoncent à se servir des produits d'Europe et construisent aujourd'hui des usines pour fabriquer ce qui leur est nécessaire et ce dont ils se fournissaient autrefois chez nous.

On voit, par cet exemple, que le change agit comme un tarif protecteur pour le producteur et l'industriel des nations à monnaie d'argent, on pourrait même dire prohibitif des importations des nations à monnaie d'or, puisque dans certains cas, il s'élève à 235 pour 100.

Les industriels du Camp jaune, malgré ces conditions déplorables, tenant à conserver ces marchés importants,

·ont essayé de lutter, en perfectionnant leur outillage et en fabriquant à meilleur marché. Mais le résultat était facile à prévoir : malgré leur bonne volonté et leur tena-·cité, ils ont fini par succomber, et le résultat final a été que les nations du Camp blanc ont peu à peu créé chez ·elles l'outillage qui leur manquait. Plus, même, elles tra-vaillent pour l'exportation, et elles commencent déjà à se présenter sur nos marchés et à nous faire concurrence même pour les objets fabriqués, qui, jusqu'à ces derniers temps étaient restés, pour ainsi dire, le monopole des .nations européennes et des Etats-Unis.

Cette concurrence est d'autant plus redoutable que les nations du Camp blanc trouvent dans leur sol ou pro-·duisent les matières premières nécessaires à leurs nou-velles industries et que chez elles le travail est à très bon compte.

Un exemple de ce développement industriel des nations ·du Camp blanc donnera idée de l'importance de ce mou-vement (Rapport de M. Wilmans, consul anglais au Mexique, 1894). *Bulletin officiel de la Ligue bimétallique* ·(page 30) :

« Le Mexique possédait, en 1870, 88 filatures de coton ·« qui, établies avec de vieilles machines d'Europe et des « Etats-Unis, et employant la main-d'œuvre indigène, se ·« bornaient à la fabrication des tissus les plus primitifs. « Il possède aujourd'hui (1894) plus de 160 fabriques, « filatures de coton et de laine, imprimeries sur tissus, « filatures de jute, fabriques de papier, corderies, bros-·« series, fonderies de fer, etc., munies des machines les « plus parfaites, dirigées par des techniciens européens ·« et donnant des produits pouvant figurer, avec honneur, ·« à côté de ceux de l'industrie européenne. »

« Que l'on ne croit pas, non plus, que ce développe-·« ment industriel soit arrivé à son terme, ou soit borné « à de certaines limites. L'extension de branches d'in-« dustries déjà existantes et la création de nouvelles ·« branches dépendant du prix de revient et de la possi-·« bilité de faire concurrence à notre industrie, et cette ·« possibilité *dépend exclusivement de la valeur de l'argent,*

« c'est-à-dire de la hausse ou de la baisse de l'argent par
« rapport à l'or. »

En lisant les rapports des agents consulaires à l'étranger, on constate que le développement industriel se ma-
nifeste chez toutes les nations du Camp blanc, en Chine,
au Japon, au Brésil, etc.

Ainsi donc, d'un côté, la dépréciation de l'argent a
constitué un véritable tarif protecteur, empêchant les
importations des produits des nations du Camp jaune chez
les nations du Camp blanc.

D'un autre côté, cette dépréciation de l'argent a constitué une véritable prime pour l'importation des produits
du Camp blanc chez les nations du Camp jaune.

Pour expliquer ce phénomène, nous ne saurions faire
mieux que de citer textuellement un passage du très
remarquable discours prononcé par M. Méline, le 18
février 1895, à l'Assemblée générale de l'Association de
l'Industrie et de l'Agriculture françaises. (*Bulletin de la
Ligue bimétallique*, page 10) :

« Si les pays à étalon d'argent qui nous envoient leurs
« produits nous faisaient payer, aujourd'hui, les mêmes
« prix en or qu'autrefois, comme avec cet or ils peuvent
« se procurer chez eux une somme d'argent deux fois
« supérieure à celle que la même quantité d'or leur
« donnait autrefois, il en résulterait que leurs prix de
« vente seraient doublés à leur profit, alors que leurs
« prix de revient restent les mêmes. »

« Un Japonais qui nous vendait, il y a 20 ans, 400
« yens de soie (le yen valait environ 5 fr. d'or) recevait
« 2,000 fr. en or ; s'il nous vendait aujourd'hui la même
« quantité de soie pour la même somme de 2,000 fr. en
« or, il pourrait se procurer chez lui 800 yens.

« Ce serait trop beau et ces bénéfices fantastiques ne
« se réalisent pas en industrie parce que la concurrence
« devient telle, que les prix s'abaissent d'eux-mêmes,
« c'est ce qui est arrivé dans les rapports commerciaux
« du Japon et des marchés d'Europe. »

« Les Japonais ont profité de la prime de l'or qui
« leur constituait un bénéfice gratuit, pour abaisser au

« fur et à mesure le prix des soies qu'ils nous vendaient,
« c'est pour ce motif que le prix de nos soies indigènes
« a diminué de moitié au grand préjudice de nos séri-
« ciculteurs et de nos filateurs. »

« Quant aux Japonais, ils conservent toujours le même
« bénéfice puisqu'ils reçoivent toujours la même quan-
« tité d'argent, ayant la même puissance libératoire dans
« leurs pays. Ils ont pu ainsi vendre leurs produits la
« moitié de ce qu'ils les vendaient il y a 20 ans, sans
« changer en rien leur situation commerciale. »

Mais chez nous, quel a été le résultat ! Le résultat est
bien simple : les producteurs de soie ont été ruinés et
ont fermé leurs magnaneries, en sorte que la France est
devenue tributaire de la Chine et du Japon pour la soie
que nous produisions autrefois en telle quantité qu'elle
suffisait, pour ainsi dire, à l'alimentation de nos manu-
factures.

Ce que nous venons d'établir pour la soie, s'établit
également pour tous les produits de la terre. La culture
du blé disparaît peu à peu, les prix de vente ne couvrant
pas les dépenses de production. Il en est de même pour
les chanvres, pour les lins, etc. Les campagnes s'appau-
vrissent, les cultivateurs désertent les champs et se réfu-
gient dans les villes. Là, les attendent d'autres déboires ;
l'industrie subit, elle aussi, la crise monétaire et ne peut
employer, d'une manière fructueuse, les ouvriers que la
crise agricole a jeté sur les pavés des villes. De là, la
misère, la mendicité et comme conséquence l'extension
des idées socialistes et mêmes anarchistes.

### Réfutation de l'hypothèse de la baisse de la valeur de l'argent.

Le raisonnement prouve (voir pages 11 et 12) que du moment qu'un seul métal jouit du privilège d'être transformé en monnaie, sa valeur doit augmenter par rapport à celle des marchandises, ou en d'autres termes, que la valeur des marchandises doit diminuer par rapport à ce métal.

Si l'abaissement de valeur se produisait seulement sur un ou deux produits spéciaux, on pourrait penser que des raisons particulières, surproduction ou autre, sont les causes de ces anomalies, mais il n'en est pas ainsi.

Un tableau des statistiques anglaises (Index numbers), dû à M. Sauerbeck, donne la moins value de 45 catégories de marchandises diverses, depuis 1873, époque où la France adopta le monométallisme-or, jusqu'en 1893.

Ces moins values sont représentées par un graphique (voir graphique nᵒ 5) auquel est joint un autre graphique s'appliquant à la moins value de l'argent pendant la même période. Il est facile de voir que ces deux courbes sont sensiblement parallèles, c'est à dire que la majorité des produits de la terre a diminué de valeur dans une proportion à peu près égale à la moins value de l'argent, et si nous appliquons le principe que la valeur d'un métal correspond à la quantité de marchandises qu'un certain poids de ce métal permet d'acquérir. nous sommes obligés de constater, que depuis 1873, l'argent n'a pas changé de valeur, et que l'or seul a doublé de prix.

Il en sera de même pour tout métal auquel on donnera le privilège d'être seul transformé en monnaie. Supposons que demain on décide que la monnaie internationale sera en platine, immédiatement, le platine dont les usages sont aujourd'hui fort restreints, trouvant un débouché nouveau et sans limites, augmentera de prix et arrivera immédiatement au prix fixé par la loi qui fixerait l'étalon.

Cette même loi porterait un coup fatal à l'or, passé à l'état de marchandise ordinaire, de matière d'orfèvrerie

GRAPHIQUE N° 5

Tableau comparatif montrant d'un côté la moins-value de l'argent et de
l'autre la baisse de 45 catégories de produits de la terre (de 1873 à 1894)
d'après les Index Numbers de Mr. Sauerbeck. — La moyenne de la
valeur des marchandises, de 1867 à 1877, a été prise = 100.

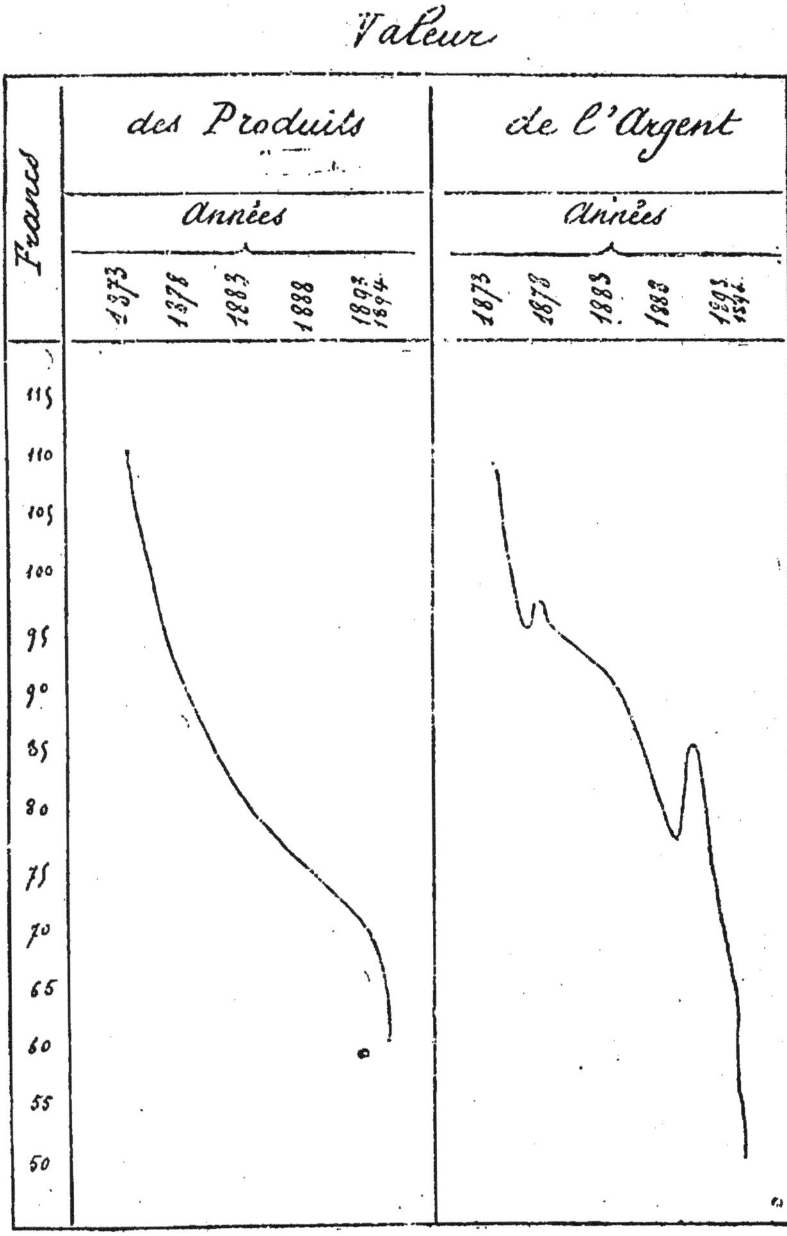

Valeur

des Produits

de l'Argent

Francs

Années

Années

1873
1878
1883
1888
1893
1894

1873
1878
1883
1888
1893
1894

115
110
105
100
95
90
85
80
75
70
65
60
55
50

## Conséquences de la suppression de la frappe de l'argent dans l'Inde Anglaise.

Il n'est pas inutile d'étudier, d'un peu près, une mesure prise par le gouvernement anglais, au mois de juin 1893, et qui eut pour effet de supprimer la frappe libre de l'argent dans l'Inde, ainsi que la répercussion de cette mesure sur le commerce international.

Mais, auparavant, il faut se rendre compte des circonstances qui amenèrent le gouvernement anglais à prendre cette grave mesure.

Jusqu'en 1893, la monnaie légale de l'Inde était la roupie-argent dont la valeur calculée au pair de 1/15,5 était de 2 fr. 38 environ. C'était avec cette monnaie que se faisaient tous les paiements, entre autres, celui des impôts.

Tant que le bimétallisme français exista, l'Inde jouit d'une situation des plus prospères, et le gouvernement de l'Inde n'hésita pas, en présence de la plus value constante de ses ressources, à contracter des emprunts pour hâter la construction des routes, des chemins de fer, compléter, en un mot, l'outillage économique du pays. Comme d'habitude, il fut stipulé que les intérêts et le remboursement de ces emprunts seraient payables en or.

Le service de cette dette, ainsi que le paiement d'autres dépenses extérieures également payables en or, s'élèvent à 18 millions de livres sterling (environ 450 millions de francs).

Pour payer ces dépenses annuelles, le Conseil gouvernemental de l'Inde émet, à Londres, des bons payables en roupies de l'Inde à Calcutta, Bombay ou Madras.

Mais pour que le prêteur touche ses intérêts, intégralement en or, le gouvernement des Indes est obligé de majorer le nombre de roupies à payer, en suivant une proportion inverse à la baisse du métal argent.

Peu à peu, au fur et à mesure que la valeur de l'argent diminuait, les charges provenant du change augmentaient, il est facile d'en faire le calcul.

Au pair de 1/15,5 le kilo d'argent vaut 222 fr. 22, la roupie vaut 2 fr. 38, et 450 millions d'or sont représentés par 189 millions de roupies.

Au rapport de 1/22, adopté par le gouvernement de l'Inde en 1893, la roupie ne vaut plus que 1 fr. 67, et 450 millions d'or sont représentés par 269.500.000 roupies.

En réalité en 1892-1893, le rapport de l'or à l'argent était de 1/25, et le cours de la roupie aurait dû être fixé normalement à 1 fr. 47, ce qui aurait correspondu à 306 millions de roupies pour représenter les 450.000.000 de dettes en or.

Ainsi par le seul fait du change, la dette de l'Inde Anglaise avait plus que doublé dans la période de 1873 à 1893.

Enfin en 1893, la situation monétaire du gouvernement indien était très critique, et, dès 1890, il n'aurait pas pu faire face à ses engagements sans l'appui du crédit de l'Angleterre.

On chercha un remède à cette déplorable situation et on crût l'avoir trouvé en fermant les hôtels des monnaies des Indes à la frappe libre de l'argent (Loi du 15 iuin 1893) et en fixant arbitrairement la valeur en or de la roupie argent à 1 shilling 4 derniers d'or. En d'autres termes la loi décidait que le gouvernement de l'Inde donnerait pour un souverain d'or (d'une valeur légale de 25 francs) 15 roupies d'argent valant légalement aux Indes, 35 fr. 70.

Le contre coup de cette mesure, qui enlevait au métal argent 200 millions de consommateurs, ne se fit pas attendre. Au mois de novembre suivant, c'est-à-dire cinq mois après, la valeur du métal argent, sur le marché libre, descendait à 115 francs le kilo. Pendant ce cours laps de temps l'argent avait donc baissé de 25 0/0 sur la valeur fixée par le gouvernement de l'Inde, ou, ce qui est la même chose, le prix de revient de toutes les marchandises produites par l'Inde avait subi une augmentation de 25 0/0 par rapport aux marchandises similaires des nations du camp blanc ayant conservé la frappe libre de l'argent.

Aussi, dès ce moment, un arrêt presque subit se produisit-il dans les exportations de l'Inde, en Chine et au Japon, filés coton, cotonnades, opium, riz, thé, etc. Les importations venant de Chine et du Japon, prirent, au contraire, une telle importance, que les producteurs indiens, effrayés de cette invasion de produits étrangers, demandèrent et obtinrent facilement d'ailleurs, du gouvernement qui y trouva un moyen d'augmenter ses perceptions, un droit d'entrée de 5 0/0 sur toutes les marchandises venant de l'étranger.

En résumé, l'Inde, ce pays merveilleux au point de vue de la fertilité et de la production, entrainée par son gouvernement dans des emprunts ruineux parcequ'ils sont payables en or, a été sacrifiée aux grands banquiers cosmopolites de la Cité.

Par suite de la baisse de l'argent par rapport à la valeur légale de la roupie, elle voit ses impôts augmenter de 25 0/0, les prix de revient de tous ses produits naturels ou manufacturés sont majorés dans la même proportion et conséquemment ses marchés sont inondés de produits similaires venant de l'Inde et du Japon. Sur les marchandises venant de l'étranger, elle en est venue à demander un droit de protection de 5 0/0 qui est encore pris dans sa poche ; et tout cela pour augmenter les fortunes déjà si scandaleuses des banquiers anglais. Ceux-ci, aujourd'hui, s'empressent d'aller chercher ailleurs que dans l'Inde, parce qu'ils y sont à meilleur marché, les produits sur lesquels ils établissent leurs spéculations.

L'industrie anglaise commence à se ressentir des funestes effets du monométallisme or, et elle s'effraie de voir les nations monométallistes argent entrer dans la voie du progrès et monter des usines dont les produits ont déjà commencé à venir faire concurrence aux produits anglais.

C'est très avantageux, pour un industriel, d'être libre échangiste quand il achète les matières premières à vil prix et qu'il est certain de vendre très cher les produits manufacturés, parcequ'il a le monopole du marché ; mais quand ce monopole lui échappe, peu importe qu'il achète à bon marché s'il n'a pas de débouchés pour ses produits.

Il faut penser qu'une nation ne se compose pas seulement de banquiers et d'industriels, qu'elle comprend aussi des agriculteurs, artisans de la production nationale, que ceux-ci ont aussi le droit d'entrer en ligne de compte, et que, dans aucun cas, on ne peut impunément sacrifier les uns aux autres.

En résumé, le système monométallisme or, a commencé par causer la ruine du gouvernement indien, et, sous prétexte de sauver celui-ci, on est en train de ruiner, méthodiquement, le peuple hindou.

L'Angleterre prétend être libre échangiste. Qu'elle le soit complètement et qu'elle adopte le libre échange de l'or et de l'argent. dans des conditions identiques, c'est-à-dire, que l'un et l'autre soient considérés comme monnaie ou tous les deux comme marchandises.

Par le monométallisme or qu'elle a adopté la première, et qu'elle a su faire adopter par la majeure partie des nations européennes et par les Etats-Unis, elle a, par le fait, créé un système protecteur autour des nations du camp blanc. Le change en effet agit comme un tarif de douanes protecteur contre les importations du camp jaune. Quelquefois même ce tarif devient absolument prohibitif puisque, dans certains cas, il va jusqu'à 235/100 de la valeur des marchandises.

Ce même système monétaire permet encore aux nations du camp blanc d'inonder de leurs produits les nations du camp jaune, à des prix tellement bas, que l'agriculture de ces dernières est appelée à disparaître fatalement, d'ici à peu de temps, si l'on ne revient rapidement à un système d'échanges plus rationnel.

Les statistiques démontrent, en effet, que si le change augmente, les exportations du camp blanc augmentent, tandis que ses importations diminuent et que, si le change diminue, les exportations du camp blanc se restreignent et que ses importations prennent un nouvel essor. (Voir les graphiques 6 et 7).

Ces résultats constatés par les statistiques ne font que corroborer ce que le raisonnement faisait prévoir : si l'argent et par suite les marchandises d'une nation perdent de leur valeur, il faut en vendre davantage pour faire face aux échéances payables en or, et comme on ne trouve l'or que chez les nations du camp jaune, c'est vers celles-ci que se dirige le courant des exportations du camp blanc, au grand détriment des producteurs du camp jaune.

---

### Réfutation de l'idée généralement adoptée : Le bas prix des produits naturels a pour conséquence le bien être général.

Avant d'aller plus loin et de commencer l'examen des arguments invoqués par les monométallistes or, il faut d'abord réfuter une allégation qui séduit au premier abord par ses dehors philanthropiques. (Les banquiers ont toujours un argument philanthropique pour lancer leurs spéculations les plus véreuses).

On dit donc que le bas prix des produits de la terre profite à « tout le monde. » Les banquiers ont bien soin de ne pas ajouter que, dans ce cas particulier, « tout le monde » ce sont les spéculateurs seuls. Mais M. Gogo est tellement philanthrope que ce seul mot philanthropie le déciderait à se laisser dépouiller, sans protestation, de son dernier vêtement.

Quant à nous, nous allons voir ce qu'il peut y avoir de vrai dans cet aphorisme que l'on entend répéter tous les jours, et qui semble être admis par le plus grand nombre, comme article de foi.

Nous n'hésitons pas à le dire bien haut, cette opinion est absolument contraire à la vérité, et nous montrerons que si le bas prix des produits de la terre ruine le producteur, il gêne le commerce et, de plus, que le consom-

## GRAPHIQUE N° 6 (A

—

Tableau faisant ressortir l'influence de l'augmentation du change sur le commerce d'exportation d'une nation du camp blanc (le Mexique) et en particulier sur le commerce entre la France et le Mexique.

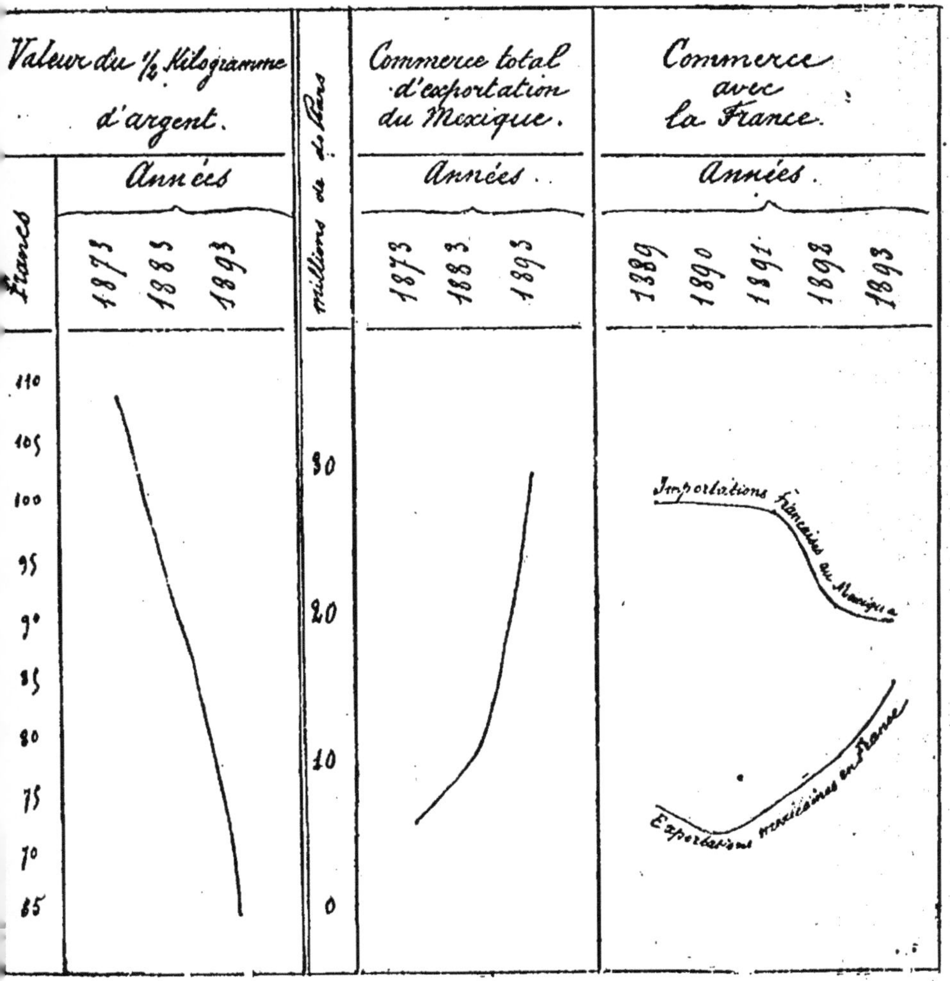

## GRAPHIQUE N° 6 (B)

—

Tableau faisant ressortir l'influence de l'augmentation du change sur le commerce
d'exportation d'une nation du camp blanc (la Chine).

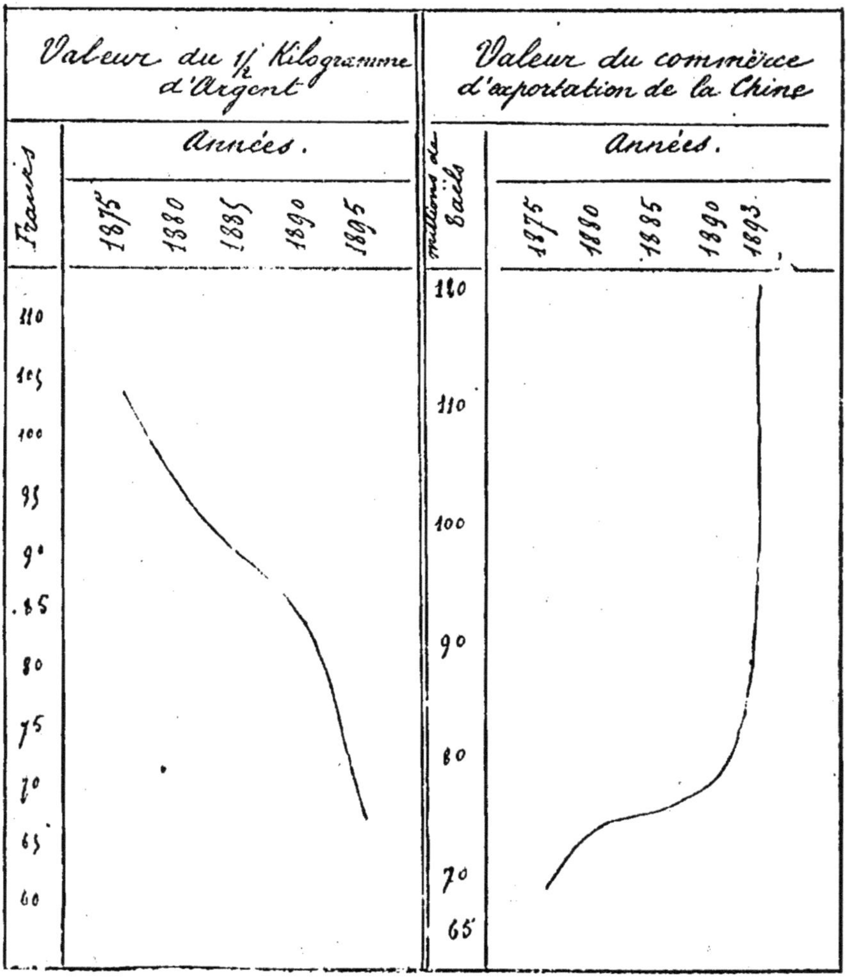

## GRAPHIQUE N° 7

Commerce du Japon (Période de 1888 à 1892).

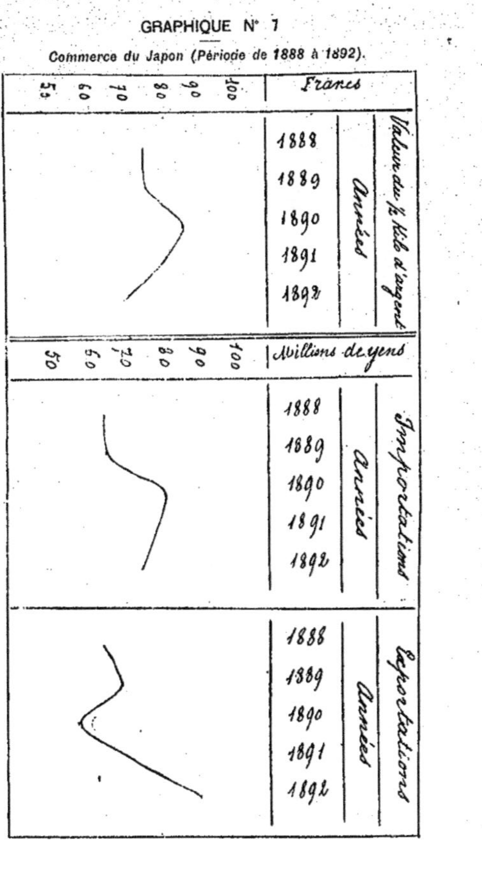

mateur ne retire aucun profit de cet abaissement des cours.

Il est indiscutable que le bas prix d'une denrée constitue une perte pour le producteur, et quand la production souffre, tout en souffre, le commerce et l'industrie, parceque chacun restreint ses dépenses d'après ses ressources disponibles.

Mais il est bon d'attirer, à ce sujet, l'attention sur certains points particuliers :

La diminution de valeur du produit ne comporte pas malheureusement une diminution proportionnelle des dettes. Les impôts, par exemple, restent toujours au même taux, s'ils ne s'accroissent pas. Cependant, en admettant que la somme d'impôts à payer reste la même, il est facile de démontrer que sa quotité est essentiellement variable pour le producteur, et que celui-ci doit payer d'autant plus, que ses ressources, fruits de son travail, diminuent.

Prenons un exemple qui fera toucher du doigt la vérité du principe qui vient d'être énoncé.

Un viticulteur vend son vin 20 francs l'hectolitre et il doit à l'Etat 100 francs d'impôts ; il sera quitte envers l'Etat en lui abandonnant, par le fait, 5 hectolitres de sa récolte, et si sa récolte a été de 100 hectolitres, elle lui aura rapporté 2.000 francs dont ses impôts représentent 5 0/0.

Si au contraire le vin ne se vent que 10 francs l'hectolitre, le viticulteur en question devra toujours 100 fr. d'impôts, et il ne sera quitte envers l'Etat qu'en lui abandonnant 10 hectolitres. La récolte totale lui rapportera seulement 1,000 francs, dont ses impôts représentent 10 0/0.

Ce qui vient d'être exposé pour les impôts s'applique à tout. Les prix de la main-d'œuvre, des transports, restent les mêmes quelle que soit la plus ou moins value des produits, mais comme, en résumé, le producteur paie avec ses produits, plus les prix baissent, plus grande est la quantité de produits qu'il est obligé d'abandonner pour payer le même travail.

# GRAPHIQUE N° 8

Exportation du blé de la République Argentine (Période de 1889 à 1894).

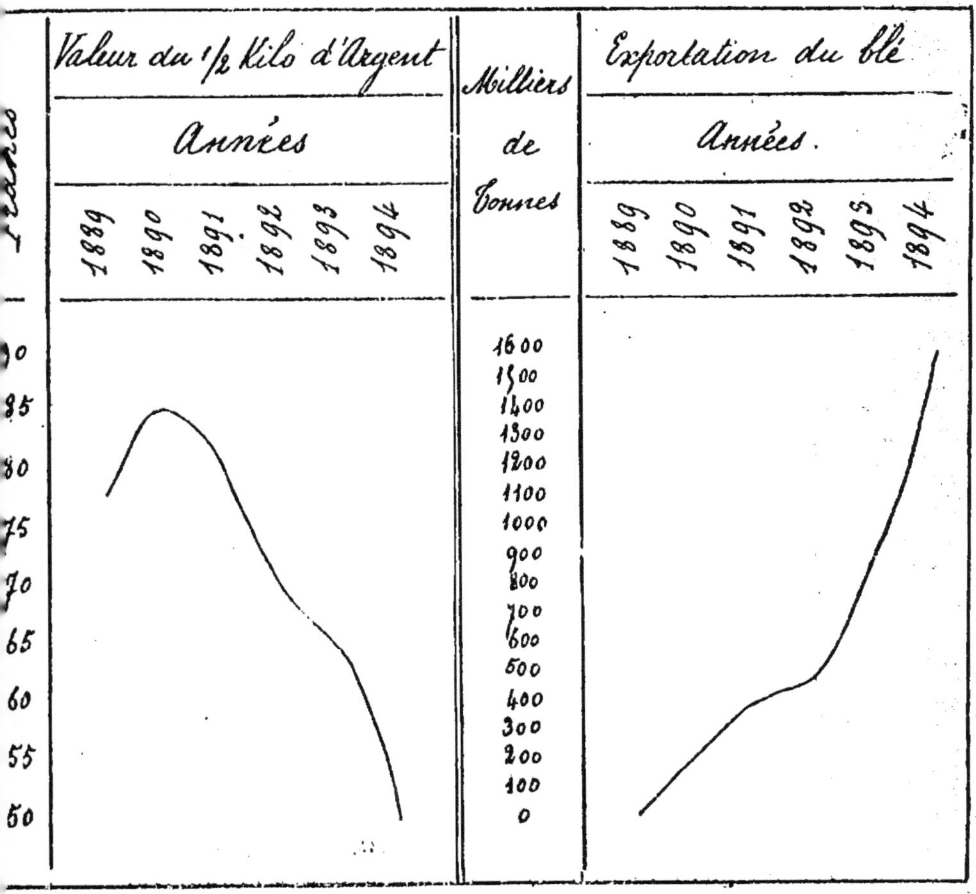

- 44 -

L'avilissement des cours des produits de la terre est donc pour l'agriculture équivalent à une augmentation d'impôts et de dettes.

Quelle est l'influence de cet avilissement des cours sur le commerce ? Son influence est identique. Nous mettons bien entendu de côté la spéculation qui s'entend particulièrement à pêcher en eau trouble, s'il est permis de se servir de cette expression, et à édifier ses plus lucratives combinaisons sur les malheurs publics.

Nous ne considérons que le véritable commerce et nous voyons que le rôle de celui-ci ne consiste qu'à satisfaire aux besoins de la consommation.

Ceux-ci, d'ailleurs, restent à peu près constants. On ne mange pas plus de pain, que le blé soit cher ou non ; la consommation du vin n'augmente pas d'une manière sensible, que le vin soit à haut prix ou à bon marché.

Le commerce voit donc son activité limitée aux besoins de la consommation, et c'est sur ce stock de fournitures qu'il doit prélever ses bénéfices.

Mais, d'un autre côté, le commerce a des charges de toute espèce : frais généraux, loyers, patentes et autres, qui ne varient pas et sont indépendants de la valeur des produits achetés et vendus.

Si ces produits sont chers, le commerçant pourra se contenter d'un bénéfice de 10 % par exemple de la valeur des produits qui lui passent entre les mains. (Ce chiffre de 10 % est pris simplement pour fixer les idées). Mais si ces produits diminuent de moitié de leur valeur, le négociant pour faire face à ses frais généraux qui restent toujours les mêmes, sera obligé de prélever un bénéfice de 20 %.

Si l'on remarque que la marchandise passe par plusieurs intermédiaires avant de parvenir au consommateur, on voit que, chaque intermédiaire étant obligé d'agir de la même manière, le consommateur paiera sensiblement aussi cher les denrées que le producteur aura vendues à vil prix.

Le blé se vend aujourd'hui à un prix dérisoire, et pourtant le pain n'est-il pas, aujourd'hui, aussi cher, sinon plus cher qu'il y a trente ans, alors que le blé se vendait à un prix très rémunérateur ?

Qui donc profite de ces bas prix ? La spéculation seule, à laquelle ces bas prix ouvrent un champ plus large pour l'établissement de ses combinaisons.

---

### Réfutation des objections des monométallistes-or.

Les monométallistes-or font au bimétallisme certaines objections dont quelques-unes, au premier abord, paraissent avoir une certaine valeur.

Nous allons les examiner et démontrer qu'elles sont plutôt spécieuses que réelles.

Nous trouvons l'énoncé de ces objections dans le remarquable rapport de M. Ludovic Louvard, à la Chambre de commerce de Laval.

La première objection se subdivise en quatre paragraphes que nous séparerons pour répondre à chacun d'eux.

I<sup>re</sup> OBJECTION. — 1<sup>er</sup> *Paragraphe*. — Le bimétallisme est une chimère, il est impossible même en théorie.

A ce premier paragraphe on peut répondre que l'histoire monétaire démontre que, depuis le commencement du siècle jusqu'en 1873, alors que quatre grandes nations étaient bimétallistes, l'argent a toujours gardé sa valeur relative par rapport à l'or, quelles qu'aient été les variations de production de l'un ou l'autre métal et que ce qui a déjà existé, pendant si longtemps, peut encore exister en revenant aux anciennes conditions de la frappe libre de l'argent.

Ainsi donc le bimétallisme, puisqu'il a existé, n'est pas une chimère et il ne peut être impossible en théorie, puisque longtemps il a été mis en pratique.

1ʳᵉ Objection. — 2ᵉ *Paragraphe.* — Comment peut-on concevoir qu'un accord intervenu entre quelques puissances puisse rendre à l'argent la valeur qu'il n'a plus ?

Ce deuxième paragraphe n'est pas plus difficile à réfuter que le premier. D'abord, on peut remarquer qu'il a suffi que, dans l'ancien monde, quatre grandes puissances aient adopté, en 1873, le monométallisme-or, pour que l'or ait immédiatement augmenté de valeur. On pourrait ajouter que, dernièrement, en 1873, dès que l'Inde anglaise a fermé ses hôtels des monnaies à la frappe libre de l'argent, la valeur de l'or a augmenté dans une proportion sensible.

D'ailleurs, les monométallistes or disent, à tort, que l'argent a diminué de valeur, car, depuis 1873, tous les produits de la terre ont diminué de prix en même temps que l'argent, c'est-à-dire que l'argent a gardé sa puissance d'achat intacte par rapport aux autres produits de la terre. L'or seul, grâce à son privilège, a augmenté de prix.

En tout cas, il n'est pas si difficile de concevoir que les conséquences de l'adhésion de quatre puissances au système du monométallisme-or puissent disparaître par le retour de ces mêmes puissances au système bimétallique qu'elles pratiquaient antérieurement.

1ʳᵉ Objection. — 3ᵉ *Paragraphe.* — Que penserait-on d'une loi qui décréterait qu'une livre de viande vaudrait désormais cinq livres de pain ?

Ce troisième paragraphe a la prétention d'être ironique, mais une ironie n'est pas un argument.

La comparaison du pain et de la viande à deux métaux qui ont été et qui sont encore des monnaies, n'est pas admissible. Le pain et la viande sont de véritables marchandises, que leur usage fait disparaître, au lieu qu'une monnaie ne disparaît pas pour avoir servi à un paiement. Elle garde son pouvoir libératoire, en passant indéfiniment de l'un à l'autre. N'avons-nous pas encore entre les mains des pièces à l'effigie du 1ᵉʳ Consul ? Ces monnaies, depuis près de cent ans, sont en circulation et chacune d'elle représente des dizaines ou des centaines de mille francs de transactions.

En tout cas, il faut protester, et on ne saurait trop le faire, contre cette confusion établie volontairement, car il y a des gens intéressés à le faire, entre les mots marchandises et monnaie, et, au risque de répéter, il faut insister sur ce point que le caractère de la monnaie est d'avoir un cours légal, c'est-à-dire immuable, et que par conséquent la monnaie échappe à la loi de l'offre et de la demande.

Il est donc facile de comprendre que si les différentes puissances admettaient, pour leurs relations extérieures, les mêmes mesures qu'elles ont adoptées pour leurs relations intérieures, que tant de shillings anglais valent un souverain d'or, que quatre écus de cinq francs de France valent vingt francs d'or ou, en d'autres termes et d'une manière plus générale, que tel poids d'argent vaut tel poids d'or, le rapport adopté resterait immuable, car personne ne serait assez stupide pour vendre un lingot d'argent pour un poids d'or inférieur à celui qu'il pourrait se procurer en faisant frapper le lingot d'argent dont il serait détenteur.

1<sup>re</sup> Objection. — 4<sup>e</sup> *Paragraphe*. — L'or et l'argent étant des marchandises, jamais puissance humaine ne pourra contraindre une loi naturelle de l'économie politique, et fixer un rapport immuable entre deux métaux.

Ce quatrième paragraphe est basé sur une erreur qui a été réfutée plus haut, puisque l'argument qu'il présente s'appuie sur cet axiome que l'or et l'argent sont des marchandises. De plus, que les monométallistes-or jettent un regard en arrière et ils verront que, malgré leurs grands mots, il a suffi de l'accord de quatre puissances bimétallistes en Europe, pour rendre invariable, pendant trois quarts de siècles, le rapport entre l'or et l'argent.

Que demain, d'ailleurs, on change les situations respectives des deux métaux en question et qu'on refuse à l'or le privilège d'être transformé en monnaie pour le conférer à l'argent ; on verra immédiatement l'or perdre sa valeur, parceque, à ce moment-là, il rentrera dans la catégorie des marchandises, tandis que, seul, aujourd'hui, il est monnaie.

Que même, sans démonétiser l'or, on en suspende la frappe, peut-on croire que le stock de lingots d'or, non monnayé actuellement, ne diminuera pas de valeur ? Ce stock deviendra une marchandise, et du moment que l'or n'aura plus le débouché sans limite des hôtels des monnaies, et qu'il ne sera plus qu'une matière d'orfèvrerie, dont la consommation est très restreinte, il diminuera de valeur jusqu'aux environs de son prix de revient.

2ᵉ Objection. — L'établissement du bimétallisme international enrichirait, d'une manière extraordinaire, les possesseurs des mines d'argent.

Cette objection s'abrite derrière une véritable hypocrisie. Les monométallistes, dans une objection précédente, ont déclaré qu'aucune loi humaine ne saurait rendre à l'argent la valeur qu'il n'a plus. Mais alors quel bénéfice exorbitant pourront retirer les possesseurs des mines d'argent, de la production d'un métal sans valeur ? Qu'ils avouent donc qu'ils craignent pour leur monnaie d'or la concurrence des monnaies d'argent. Ils ont un privilège et ils veulent le garder.

Leur objection, comme le dit une expression devenue populaire, laisse passer le bout de l'oreille.

Depuis 1873, les possesseurs des mines d'argent ont été presque ruinés par la baisse constante du métal argent et, s'ils n'ont pas été obligés d'abandonner leurs exploitations, c'est qu'ils ont trouvé les nations du camp blanc qui ont utilisé leur métal. (Ces nations du camp blanc représentent un milliard d'habitants et peut-être davantage).

Mais, en tout cas, cette fortune que l'on craint de voir venir enrichir les possesseurs des mines d'argent, ne sera que la compensation des fortunes que le monométallisme-or a procurées, depuis 1873, aux détenteurs des placers d'or.

Cet argument n'aurait-il pas été inspiré par les possesseurs actuels des gisements d'or, craignant de voir diminuer leurs bénéfices ?

Ne serait-ce pas cette crainte de voir diminuer la valeur de l'or, qui aurait fait jeter dernièrement sur le marché français cette grande quantité de titres de mines d'or, du Cap, du Transwaal, etc., titres jusqu'à ce moment monopolisés par les gros financiers anglais ?

Ceux-ci, spéculant sur l'adoption du monométallisme-or, par la majorité des nations européennes. et espérant peut-être le généraliser encore davantage, ont accaparé tous les placers. Ils étaient certains de vendre leurs produits, le prix qui leur ferait plaisir, l'or, étant devenu un instrument d'échange de première nécessité, la plupart des paiements internationaux devant être effectués en or.

A la suite du mouvement bimétalliste qui s'est produit simultanément aux Etats-Unis, en France, en Allemagne et même en Angleterre, les financiers ont pris peur et ils ont voulu soulager leurs portefeuilles.

Soulager son portefeuille est une expression employée, à la Bourse, pour indiquer l'opération, habile mais discutable au point de vue honnête, qui consiste à passer à un autre, moins malin, une valeur qui ne vaut plus rien.

Quoi qu'il en soit, il aurait été plus loyal et plus vrai de formuler ainsi la deuxième objection : si l'on revient au bimétallisme, les mines d'or perdront la plus-value qu'elles doivent au privilège qu'elles possèdent de pouvoir seules transformer leurs produits en monnaie. Réduite à cet énoncé, elle ne présente aucun intérêt général.

3e OBJECTION. — Enfin on objecte que l'argent est un métal trop lourd et trop encombrant, impropre à l'usage monétaire.

Cette objection est absolument ridicule ; car en admet

tant que l'argent soit lourd, l'or l'est aussi, et pour un banquier, il faut être bien naïf ou avoir une bien grande confiance dans la naïveté des autres, pour venir parler du poids de la monnaie. Ne sont-ce pas les banquiers qui ont inventé le billet de banque ?

Qu'est-ce donc que le billet de banque ? C'est un certificat constatant le dépôt d'une certaine quantité de métal dans les caves de la banque qui a émis le billet.

Ce dépôt métallique est la garantie du certificat.

Aujourd'hui même, les billets de la Banque de France qui font prime, aussi bien que l'or, sont garantis par des dépôts, partie de lingots d'or, partie de lingots d'argent.

Quel pourrait donc être l'inconvénient à ce que de nouveaux lingots d'argent, ayant alors cours légal, viennent augmenter le stock métallique des banques d'émission ?

L'argent, ayant alors cours légal, ne serait plus soumis aux crises actuelles qui ont fait baisser de 50 % la valeur du stock métallique argent déposé dans les caves de la banque.

Le billet de banque seul, bénéficierait de la fixité de ce gage.

On ne peut mieux terminer cette réfutation des arguments des monométallistes-or, qu'en citant un passage de la discussion sur le bimétallisme au Landtag prussien, séances des 20 et 21 mai 1895 (*Journal officiel de la Ligue bimétallique*, page 44), qui met en lumière le véritable motif qui fait agir les monométallistes-or. Ceux-ci, tous gens de finance, ont plus d'une ruse dans leur sac, pour tromper le public et lui faire accepter, comme un bienfait, des mesures qui causeront la ruine générale tout en sauvegardant leurs intérêts particuliers.

Monsieur de Erffa, en terminant son discours, dit ce qui suit :

« Je poserai cette simple question : L'étalon d'or est-
« il oui ou non préjudiciable à l'agriculture ? Les diffé-

« rences des changes sautent aux yeux. Ce sont
« précisément les pays qui font la plus grande concur-
« rence à notre agriculture, c'est-à-dire, la République
« Argentine pour le blé, la Russie pour le seigle, qui
« ont les changes les plus bas. »

« M. Brœmel a prétendu, il est vrai, que c'était une
« erreur de croire que les bas changes des autres pays
« causent un préjudice à notre agriculture, mais cette
« opinion est en contradiction formelle avec les théories
« économiques actuelles. Il est facile de le prouver : si
« on constate que pour 20 marcks nous ne pouvons
« acheter que trois quintaux de blé en Allemagne,
« contre six ou sept, dans la République Argentine,
« le préjudice saute aux yeux. Avec 25 marks d'or nous
« pouvons nous procurer pour environ 100 marks de
« céréales dans la République Argentine. »

Plus loin, il ajoute :

« Mais, nous dit M. Brœmel, si, en établissant le
« double étalon, vous restreignez les importations des
« produits argentins en Allemagne, la République Ar-
« gentine se trouvera dans l'impossibilité de payer les
« intérêts de sa dette.

« M. Brœmel a été imprudent de dévoiler ainsi le
« fonds de sa pensée (Approbations à droite).

« Cela veut dire (et il est très important de donner
« une grande attention à ces paroles qui résument le
« débat), cela veut dire, continue-t-il, que *notre agri-*
« *culture doit supporter le train de la spéculation de nos*
« *gros capitalistes sur les valeurs d'état étrangères, et*
« *qu'elle doit consentir à toute baisse de prix dans notre*
« *pays même, pour éviter que les intérêts touchés par nos*
« *capitalistes dans les pays d'outre-mer soient diminués.*
« *Hinc illæ lacrymæ.* Quand leurs intérêts particuliers
« entrent en jeu, les gros capitalistes font entendre
« leurs clameurs. »

« Mais cela ne saurait me toucher, je n'éprouve
« aucune compassion pour des gens qui, au lieu de

« soutenir, avec leurs capitaux, la vie industrielle de
« leur patrie, les placent en pays étranger dans des
« conditions peu sûres. »

M. de Erffa aurait pu ajouter que les capitalistes alle-
mands qui avaient prêté des capitaux à la République
Argentine, lui ont consenti un prêt usuraire, simplement en introduisant, dans la convention, la condition
du paiement des intérêts en or.

La haute banque internationale qui, par le fait, a le
monopole des emprunts étrangers, a accaparé celui des
mines d'or. Elle peut donc vendre à son débiteur, au
prix qui lui fait plaisir, l'or dont il a besoin pour faire
face à ses échéances, mais cet or elle ne le reçoit à ses
guichets qu'au taux de la monnaie.

Or, en admettant que les engagements de la République Argentine lui imposent de payer à ses créanciers
6 % par an, il arrive que, par le jeu de change, elle paie
en réalité 18 %.

Et c'est pour garantir les coupons de ces usuriers de
haut vol, que nous souffrons tous d'une crise comme on
n'en avait jamais vu de semblable, et que notre agriculture et notre industrie sont à la veille de périr.

Non ! cette situation ne peut durer plus longtemps.
Nous n'attaquons personne, mais nous ne voulons pas
mourir, et, dans ces conditions, la défense est le plus
sacré des devoirs.

Enfin une dernière objection. Les monométallistes-or
disent que le retour au bimétallisme créera une crise
commerciale redoutable.

Il est certain que la crise sera sérieuse, surtout pour
les combinaisons basées sur le privilège de l'or ; mais
les spéculateurs ne sont pas seuls sur cette terre. Qu'ils
pensent à leurs intérêts, c'est leur droit, mais que nous
pensions aux nôtres, c'est également notre droit.

Les producteurs, les vrais commerçants, les industriels de l'ancien monde, voient tous leurs intérêts, leur
existence même, menacés par un système monétaire
établi au bénéfice de la spéculation internationale, ils se

défendent et en se défendant, ils défendent aussi l'intérêt sacré de la patrie.

L'avenir est assez sombre pour qu'on ne craigne pas d'envisager, de sang-froid, une crise qui, certainement, aura une intensité exceptionnelle, mais mieux vaut une crise violente et passagère dont on peut, dont on doit guérir, qu'une maladie chronique incurable qui nécessairement conduit à une issue fatale.

---

## Conséquences du monométallisme au point de vue de l'accaparement du numéraire international.

Nous avons démontré plus haut que tout métal jouissant du privilège d'être transformé en monnaie, à l'exclusion de tout autre, devait immédiatement augmenter de valeur, car il trouve un débouché sans limite.

D'un autre côté, ce métal deviendra l'objet d'un accaparement qui rendra son détenteur le maître des relations commerciales ; ce détenteur, en effet, ne s'en dessaisira qu'au prix le plus convenable à ses combinaisons.

Que voyons-nous pour l'or ?

D'un côté, l'accaparement des banques l'a centralisé entre quelques mains.

D'un autre côté, la plupart des états de l'Europe, les grandes puissances qui, depuis vingt-cinq ans, vivent sur le pied de paix armée, ou plutôt, l'expression serait plus juste, en état de guerre latente, en ont constitué des réserves considérables, sous le nom de trésors de guerre.

Toutes ont obéi aux mêmes préoccupations.

Si nous attendons, ont-elles pensé, le moment de la déclaration de guerre, nous serons obligées d'en passer par les conditions léonines que nous imposeront les banquiers pour nous céder l'or dont nous aurons besoin. Aussi, a-t-on, pour éviter ce boycottage prévu, décidé la création et constitué effectivement des trésors de guerre.

Ces réserves d'or, qui pour l'Europe s'élèvent à un milliard et plus, restent improductives, et leur immobilisation provoque la contraction de la circulation monétaire.

Mais il vaut encore mieux supporter ces inconvénients que d'avoir, à un moment donné, à encourir les exigences des banquiers cosmopolites qui ne voient dans les calamités publiques qu'une bonne occasion pour faire des affaires lucratives.

Ces prévisions ne sont pas imaginaires, il suffit de se rappeler à quelles conditions onéreuses la France en 1870 contracta l'emprunt Morgan.

De nos jours, en pleine paix, il se passe aux Etats-Unis, un fait analogue quoique les circonstances dans lesquelles il se produit soient loin d'être aussi dramatiques que celles de l'époque qui vient d'être rappelée.

Les Etats-Unis se débattent, aujourd'hui, dans une crise monétaire dont on ne peut encore prévoir l'issue, et dont voici l'origine :

A la suite de la dépréciation du métal argent, et pour empêcher la ruine imminente des mines d'argent, le gouvernement des Etats-Unis fit voter par les Chambres le Bland Act et le Sherman Act.

Par ces lois, les Etats-Unis décidaient l'achat annuel d'un certain nombre de kilogrammes d'argent au prix du jour, et pour payer les producteurs, donnaient à ceux-ci des bons à durée fixe dont l'intérêt et le remboursement étaient payables en or.

Tant qu'il n'y eût que les intérêts à payer, cela marcha bien, mais lorsque le moment du remboursement approcha, la spéculation s'empressa de saisir cette occasion pour monter une affaire.

Les banques américaines commencèrent le drainage méthodique de l'or, qui fut dirigé sur l'Europe, ainsi que le témoignent les dépêches qu'on lisait journellement dans les journaux : tel paquebot parti de New-York avec tant de millions de dollars-or.

Qu'en est-il résulté ? La disparition de l'or aux Etats-Unis.

Aujourd'hui, le gouvernement des Etats-Unis est obligé de contracter un emprunt annuel de 200 millions de dollars-or pour faire face à ses engagements.

A quelles conditions pourra-t-il se les procurer ? *That is the question.*

Passons maintenant à un autre ordre d'idées.

Le monde entier dispose, comme nous l'avons déjà dit, d'après les statistiques des 80 milliards de monnaie, 38 milliards d'or et 42 milliards d'argent.

On est bien obligé de reconnaître que l'accaparement de 38 milliards d'or est beaucoup plus facile que celui de 80 milliards de monnaie et que, par conséquent, il est plus facile à la spéculation de se rendre maîtresse de la monnaie disponible, de manière à établir ses combinaisons sur une base certaine.

Ce serait déjà un argument sérieux contre le monométallisme, mais il y a une autre question à laquelle nous serions curieux qu'on fît une réponse rationnelle.

Quel est le motif pour lequel le commerce se prive de l'usage de 42 milliards de monnaie d'argent, alors qu'il est prouvé que, plus le numéraire est abondant, plus le prix des produits de la terre augmente, plus le commerce et l'industrie sont florissants ?

Dans le chapitre suivant, nous allons étudier l'influence du monométallisme sur le marché financier.

## Influence du monométallisme sur le marché financier et le taux de l'intérêt de l'argent.

Le monométallisme-or a aussi atteint le marché financier.

La moins-value des produits de la terre a eu son contre coup sur le marché financier, en diminuant le taux de l'intérêt de l'argent.

Le capital ne trouvant plus un placement avantageux dans les propriétés foncières agricoles, dans le commerce ou dans l'industrie, s'est rejeté sur les valeurs de bourse, fonds d'état, actions et obligations de diverses sociétés plus ou moins garanties par l'Etat, ou offrant à leurs participants les chances d'un gain très considérable, mais en même temps peu probable. (Valeurs à lots). Ce capital s'est contenté d'intérêts de plus en plus minimes, en rapport, du reste, avec ceux qu'on peut retirer de la terre.

Cette simple constatation permet de réfuter cette opinion, qui a été émise par des gens intéressés et qui s'est accréditée, sans raison plausible, que l'indice d'une bonne situation financière est le haut prix des fonds d'Etat.

C'est une véritable hérésie économique. Le crédit d'un Etat n'est pas l'unique motif pour lequel les particuliers lui prêtent de l'argent à bas intérêt. La véritable raison est qu'il ne trouvent pas ailleurs, soit dans l'agriculture, soit dans le commerce, soit dans l'industrie, un placement plus rémunérateur.

Cette baisse constante de l'intérêt du capital est un malheur public, qui ne sert que les intérêts des financiers. Ceux-ci, en effet, par les syndicats de garantie et autres manœuvres de même nature, savent se réserver la part du lion dans les opérations, légales il est vrai, mais peu morales, au demeurant, qu'on appelle des conversions.

L'intérêt de l'argent qui depuis le commencement du

siècle jusqu'à 1873, avait oscillé aux environs de 5 %, est descendu à 3 %, même à 2,50 %. Sans le livrer à des prévisions trop hasardées, on peut calculer le moment où, si un pareil système monétaire continue à faire sentir son influence néfaste, l'Etat finira par ne plus servir d'intérêt à sa dette.

Ce sera peut-être là, la solution de l'amortissement de la dette, toujours promise, mais aussi toujours ajournée. Ce jour-là, ce ne sera pas la dette qui aura été remboursée, ce seront les intérêts qui ne seront plus payés.

Qu'il nous soit permis de rapprocher de cette question monétaire, une autre question sociale qui a, avec elle, de nombreux points de ressemblance.

De nombreux écrivains reprochent à notre génération d'être fonctionnariste, et en effet, pour une place administrative quelconque, on trouve des quantités fantastiques de concurrents, qui consentent à un surnumérariat non rétribué, de plusieurs années, pour arriver ensuite à une situation de 1,200 francs par an, et obtenir, à 60 ans d'âge, une retraite dérisoire qui ne les mettra même pas à l'abri du besoin. Croyez-vous que cette situation est normale et qu'on trouverait tant d'aspirants bureaucrates, s'il existait ailleurs des chances convenables de mieux utiliser son activité, sa force et son savoir ?

Les hommes, comme les capitaux, recherchent la garantie des Etats, comme un pis aller inéluctable. Mais cette recherche est loin d'être un signe de prospérité, au contraire.

## Conclusions.

Nous croyons avoir exposé, avec clarté et impartialité, la théorie des bimétallistes et avoir réfuté victorieusement les objections des monométallistes.

En suivant les théories de ces derniers, nous sommes certains que, dans un cycle d'années très court, l'agriculture et le commerce des nations du camp jaune sont appelés à disparaître, pour la plus grande gloire et le plus grand profit de la haute banque cosmopolite et internationale.

En suivant, au contraire, les théories du bimétallisme international nous arrivons à faire disparaître la constriction du numéraire, à faciliter, par conséquent, les transactions, à rétablir un marché loyal des produits de la terre, à permettre à notre agriculture de vivre sans avoir constamment devant elle le spectre de la banqueroute, à ouvrir à notre industrie une ère, je ne dirai pas d'opulence, mais de prospérité honnête, à rouvrir à notre commerce des débouchés d'exportation qui lui sont aujourd'hui fermés, et enfin à rendre à la France le rang agricole, commercial, industriel, et, nous pouvons le dire sans forfanterie, civilisateur qu'elle n'aurait jamais dû perdre.

En suivant ces dernières théories, nous retarderons au moins de quelques siècles, l'invasion prévue des sémites d'Orient dans notre vieil Occident.

Il est du devoir des enfants de Japhet de se défendre contre l'invasion des autres races. Cependant, en étudiant de près ces questions si complexes du change et de la monnaie, on serait presque tenté de croire que les sémites des grandes banques cherchent à préparer l'invasion effective des peuples de l'Orient en facilitant d'abord la conquête économique de notre marché.

Comme conclusion de cet exposé, nous demandons que la Société d'Agriculture d'Alger discute et vote, s'il y a lieu, l'ordre du jour suivant :

La Société d'Agriculture d'Alger :

Considérant que le monométallisme-or, actuellement adopté en France, est la cause principale du marasme des affaires.

Considérant que c'est au monométallisme-or que l'on doit attribuer :

1° Le bas prix des produits de la terre ;

2° La baisse constante de la valeur des propriétés immobilières ;

3° La crise épouvantable que traversent notre agriculture, notre industrie et notre commerce ;

4° La diminution constante de nos exportations.

Considérant que si cette situation devait se prolonger, elle causerait fatalement la ruine absolue de l'agriculture, de l'industrie et du commerce nationaux.

Demande : 1° Que la question du retour de la frappe libre de l'argent à l'hôtel des monnaies de France soit étudiée d'urgence par le gouvernement français ;

2° Que celui-ci engage, le plus tôt possible, des négociations, avec les autres puissances intéressées, pour fixer, d'un commun accord, la valeur relative des monnaies d'or et d'argent, afin d'arriver à l'établissement rationnel du bimétallisme international. (Le rapport de 1/15,5 paraît devoir être adopté, l'argent ayant gardé son ancienne valeur par rapport aux produits de la terre).

Décide que des démarches seront faites auprès du Gouverneur et des représentants de l'Algérie, pour que ceux-ci saisissent de cette question les pouvoirs publics, dans le plus bref délai, afin de mettre un terme à une situation désastreuse qui amènerait fatalement, d'ici à peu de temps, la ruine complète de l'agriculture, de l'industrie et du commerce de l'Algérie et de la Mère-Patrie.

L. Péchot.

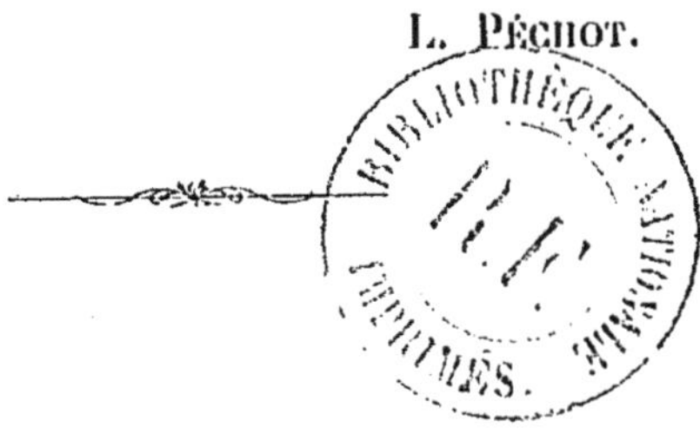

Alger. - Imprimerie Orientale P. FONTANA et Cᵒ, rue d'Orléans, 29. — 7-96.

Documents manquants (pages, cahiers...)
NF Z 43-120-13